Erika Hubatschek

Mein Leben mit den Bergbauern

Erika Hubatschek

Mein Leben mit den Bergbauern

Eine Biografie
im Gespräch mit Anette Köhler

Tyrolia-Verlag · Innsbruck-Wien

Mitglied der Verlagsgruppe „engagement“

Bibliografische Information Der Deutschen Nationalbibliothek
Die Deutsche Nationalbibliothek verzeichnet diese Publikation in der Deutschen Nationalbibliografie; detaillierte bibliografische Daten sind im Internet über http://dnb.d-nb.de abrufbar.

2007

Umschlaggestaltung: Tyrolia-Verlag nach einem Entwurf von stadthaus 38, Innsbruck, unter Verwendung eines Bildes von Dr. Erika Hubatschek
Soweit nicht anders angegeben, alle Abbildungen © Dr. Erika Hubatschek
Abbildungen auf den Seiten 78, 152, 153, 154, 157, 158, 160, 161, 162, 165, 166 Irmtraud Hubatschek, S. 150 R. Schiestl, S. 172 F. Lackner
Layout und digitale Gestaltung: Studio HM, Hall in Tirol
Lithografie: Longo AG, Bozen
Druck und Bindung: Longo AG, Bozen
ISBN 978-3-7022-2879-8 (nur Buch)
ISBN 978-3-7022-2888-0 (Buch mit DVD)
E-Mail: buchverlag@tyrolia.at
Internet: www.tyrolia.at

WIE ES ZU DIESEM BUCH GEKOMMEN IST

Es war im Mai 2005, als bei den Innsbrucker Naturfilmtagen der Film „Vom Leben am Steilhang" gezeigt wurde, den Joël Jenin nach einer Idee meiner Tochter Irmtraud über mich und mein fotografisches Werk gedreht hatte. Bei den Filmarbeiten besuchten wir noch einmal jene Gebiete, wo ich im Lauf der Zeit geografisch-volkskundlich gearbeitet hatte: den Lungau, das südöstliche Kärnten und weite Teile von Tirol. Unmittelbar nach dieser Filmvorführung im Innsbrucker Leokino kam eine junge Dame auf mich zu, stellte sich als Lektorin des Tyrolia-Verlages vor und schlug mir vor, ein Buch über mein Leben zu verfassen. Ich war natürlich sehr überrascht über diesen Vorschlag.
Frau Köhler schrieb mir dann einen sehr lieben Brief, ab und zu rief sie auch an oder wir trafen uns. So lernten wir uns allmählich näher kennen. Als schließlich im Frühjahr 2007 der Bildband „Auf den zweiten Blick", den ich zusammen mit meiner Tochter verfasst habe, erscheinen konnte, war der Weg frei für dieses neue Buch.
Anette Köhler und ich verbrachten viele angeregte Stunden im Gespräch miteinander. Es war eine schöne, bereichernde Zusammenarbeit! Diese Gespräche waren die Grundlage zum vorliegenden Buch. „Mein Leben mit den Bergbauern" heißt zu Recht der Titel, denn die Bergbauern stehen nach wie vor im Mittelpunkt. Ohne sie wäre mein Leben sehr viel ärmer gewesen und – das wollen wir nicht vergessen – auch unser Land sähe heute ganz anders aus.
Wenn dieses Buch nun hinausgeht zu den Menschen in Stadt und Land, dann möge es ihnen allen erzählen von einer Zeit und Kultur, die längst im Verschwinden begriffen ist: von den Bergbauern und ihrer Arbeit, von der Härte, aber auch von der Schönheit ihres Lebens. Möge dieses Buch dazu beitragen, die Bergbauern und ihre großartige Leistung besser kennen und schätzen zu lernen.

Innsbruck, im Juli 2007 Erika Hubatschek

INHALTSVERZEICHNIS

KINDHEIT UND JUGEND: FAMILIE UND ELTERNHAUS

„... dass Du einen glückhaften Weg gehst und vielen Menschen viel sein kannst"

Der Name Erika Hubatschek ist untrennbar mit der Bergbauernkultur verbunden. In unzähligen Fotografien, in Aufsätzen, Büchern, Kalendern, Vorträgen und Ausstellungen hat Erika Hubatschek die Kulturleistung der österreichischen Bergbauern dokumentiert und beschrieben.
Frau Dr. Hubatschek, es lässt sich wohl ohne zu übertreiben sagen, dass Sie Ihr Leben den Bergbauern gewidmet haben. Wie kam es, dass Sie sich zu dieser bergbäuerlichen Lebenswelt so hingezogen fühlten? Gab es in Ihrer Kindheit oder Jugend ein Erlebnis, das Sie in dieser Hinsicht besonders geprägt hat?

Mein Weg zu den Bergbauern hat sozusagen über die Berge geführt. Wir sind schon sehr früh, noch als Kinder, in die Berge gegangen. Darüber hinaus gibt es schon einige Kindheitserlebnisse, an die ich mich besonders erinnere.
Wir wohnten in der Obersteiermark am Stadtrand von Bruck an der Mur. Unser Haus stand ganz frei und mein Zimmer ging nach Norden auf die Berge zu. Gleich hinter unserm Haus befanden sich die ersten Hügel, die waren etwa 1200 Meter hoch. Vom Fenster meines Zimmers

sah ich auf eine sehr steile Wiese hinaus. Man brauchte lange, um dort hinaufzugehen.

Einmal in der Früh – ich war vielleicht so 15, 16 Jahre alt – bin ich von einer ganz eigenartigen Musik geweckt worden. Ich hab nicht recht gewusst, was los war. Träumte ich noch? Als ich dann beim Fenster hinausschaute, sah ich, dass auf dieser steilen Wiese vier Leute mit der Sense mähten und dabei einen wunderbaren vierstimmigen Jodler sangen – während sie arbeiteten! Nicht beim Rasten, sondern wirklich während der Arbeit. So eine steile Wiese zu mähen, das ist harte Arbeit. Doch diesen Jodler haben sie immer weitergesungen. Er gefiel mir so gut, ich kann ihn heute noch, alle vier Stimmen. Das hat mich damals sehr beeindruckt. Ich hab mir gedacht: Wenn die Bauern bei dieser schweren Tätigkeit noch singen, ist das ein Zeichen, dass ihnen diese Arbeit Freude macht. Das hat mich sehr zu den Bergbauern hingezogen. Denn es ist ja wirklich so: Wenn einem etwas Freude macht, dann kann es noch so schwer sein, da mag der Weg noch so steil und die Arbeit noch so hart sein, man macht es eben. Und meistens gelingt es dann auch. Das haben mich die Bergbauern immer wieder gelehrt.

Bei uns zu Hause hing ein Spruch im Stiegenhaus, der kommt mir in diesem Zusammenhang wieder in den Sinn: „Dem Fröhlichen glückt besser als dem Unfrohen, was immer zur Hand ihm kommt." Das ist doch wirklich so.

Eine andere Erinnerung ist das Geräusch des Dreschens im Herbst. Auf meinem Schulweg – wir mussten etwa eine Viertelstunde gehen, zwischen Feldern und Obstgärten hindurch –, da bin ich immer bei einem Stadel vorbeigekommen. Im späten Herbst ist dort gedroschen worden. Ich erinnere mich noch gut an dieses dumpfe, rhythmische Schlagen auf den Holzboden in diesem Stadel drinnen. Damals ahnte ich noch nicht, dass ich mich später einmal mit Dreschersprüchln und solchen Dingen beschäftigen würde. Aber dieses „tack-tack-tack, tack-tack" der Drescher, das ist mir wirklich eine sehr intensive Kindheitserinnerung.

Sie selbst stammen ja nicht unmittelbar aus einer Bergbauernfamilie. In welchem familiären Umfeld sind Sie aufgewachsen?

Mein Großvater mütterlicherseits war ein weichender Bauernsohn aus dem Gailtal. Ein Bauernsohn konnte zu der Zeit ja nicht so ohne Weiteres studieren, aber ein Onkel ermöglichte meinem Großvater damals das Theologiestudium. Im Gailtal war ein großer Teil der Bevölkerung evangelisch und mein Großvater Hans Tillian wurde dann Pfarrer in Wiener Neustadt. Dort ist auch meine Mutter Martha aufgewachsen. Sie kam 1893 auf die Welt. Mein Großvater starb sehr früh und die Großmutter Sophie Tillian, geborene Hoffmann, stand mit fünf noch unversorgten Kindern plötzlich alleine da.

Mein Vater Karl stammte aus Mähren, er war ein Sudetendeutscher. Auch er studierte in Wien Theologie und war dann Vikar beim Nachfolger meines Großvaters in Wiener Neustadt, wo er meine Mutter kennenlernte. Sie haben 1912 geheiratet. Nach dem Vikariat bekam mein Vater die Pfarrstelle in Bruck an der Mur, musste aber gleich zu Kriegsbeginn einrücken. Er war fast die ganze Zeit über im Krieg, hauptsächlich in Pula.

Ich selbst bin ja im Krieg zur Welt gekommen, am 5. Oktober 1917. Damals war mein Vater als Feldkurat an der Front, was weiß ich wo. Während des Krieges zog meine Mutter zu ihrer Schwester Ilse König, geborene Tillian nach Klagenfurt, wo mittlerweile auch meine Großmutter lebte.

Fröhliche Ausfahrt, Klagenfurt 1918

Mutter und Tochter, um 1919

So wurde ich in Klagenfurt geboren. Weil damals gerade die Heide so schön blühte, hat mich meine Mutter Erika genannt.

Als mein Vater im Herbst 1918 aus dem Krieg zurückkam, kehrten meine Eltern gemeinsam mit mir nach Bruck an der Mur zurück. Ich war also bereits ein Jahr alt, als mein Vater mich zum ersten Mal sah!

Mit 16 Jahren wollte ich dann unbedingt den Heimathof meines Großvaters kennenlernen. So bin ich 1934 in den Ferien mit zwei Freundinnen auf dem Fahrrad von Bruck an der Mur bis ins Gailtal gefahren. Auf dem Stammhof meines Großvaters wurden wir sehr herzlich aufgenommen, und wir blieben ein paar Tage dort. Es war gerade Erntezeit und der Getreideschnitt war in vollem Gang. Da hab ich gerne mitgeholfen. Die Verwandten waren froh und meinten, „die Erika, die hat einen guten Angriff für die Bauernarbeit“. Damals konnte ich wohl noch nicht im Entferntesten ahnen, welche Bedeutung die Bergbauern und ihre Arbeit für mein ganzes Leben haben sollten.

Haben Sie noch Geschwister?

Ja, zwei. Ich bin die Älteste. Meine Schwester Gertraud ist fünf Jahre jünger und lebt in Reutte in Tirol. Mein Bruder Walter war sieben Jahre jünger als ich. Leider ist er 1944 im Osten gefallen, er war gerade 20 Jahre alt. Das hat uns alle sehr schwer getroffen und wohl auch an der Gesundheit meines Vaters genagt.

Als Sie zur Welt kamen, am 5. Oktober 1917, stand Österreich und damit fast ganz Europa noch mitten im Ersten Weltkrieg. Ungefähr zu der Zeit, als Sie sich aufrichteten und das Laufen lernten, brach die politische Ordnung endgültig zusammen, die Donaumonarchie begann sich unwiederbringlich aufzulösen. Ihre Kindheit war also von großen politischen und gesellschaftlichen Umbrüchen geprägt.
Wenn Sie an Ihre frühe Kindheit denken: Woran können Sie sich noch besonders gut erinnern? Was für ein Klima herrschte in Ihrer Familie? Können Sie die Grundstimmung in Ihrem Zuhause beschreiben?

Meine Eltern waren in der ganzen Gemeinde sehr beliebt und geschätzt. Musik und Literatur spielten eine bedeutende Rolle. Meine Mutter und besonders meine Großmutter waren sehr gute Klavierspielerinnen, ein Onkel spielte sehr gerne Geige. Ich kann mich noch gut erinnern, dass ich beim Einschlafen immer wieder die Türe offen stehen ließ. Dann konnte ich hören, wie drüben im Wohnzimmer musiziert wurde. Oft kamen auch Gäste, um bei uns zu musizieren. Das ist für mich schon eine besondere Erinnerung, diese wunderbare Musik, die ich oft beim Einschlafen gehört hab.
Es war überhaupt ein reges Leben bei uns zu Hause. Mein Vater war auch Obmann der Urania, das war eine Art Vorläuferin der Volkshochschule, eine Gesellschaft, die das Ziel hatte, wissenschaftliche Er-

Erika Hubatschek, um 1920

Das Elternhaus in Bruck an der Mur mit dem großen Garten

kenntnisse auch einem Laienpublikum zugänglich zu machen. Mein Vater gestaltete das ganze Urania-Programm, und die Vortragenden waren meistens bei uns zu Gast, denn im Pfarrhaus war ja genug Platz. So kamen allerhand interessante Leute zu uns. Ich erinnere mich zum Beispiel an Eduard Spelterini, der war der Erste, der in einem Heißluftballon die Alpen überquert hat. Das war schon beeindruckend für mich als Kind.

Es war eigentlich stets etwas los bei uns, trotzdem war es immer auch sehr gemütlich zu Hause. Meine Mutter achtete sehr darauf, dass sich alle bei uns wohlfühlen konnten. In diesen Dingen hatte sie viel Geschick. Überhaupt habe ich das ganze Haus mit seiner großen Veranda, die nach Süden ging, und dem riesigen Garten sehr geliebt. Der Riesengarten, das war schon ein herrlicher Freiraum für mich als Kind.

Als Pfarrersfrau war meine Mutter natürlich auch im sozialen Bereich sehr engagiert. Mein Vater war ein sehr vielseitig interessierter und gebildeter Mann. Er besaß eine sehr umfangreiche Bibliothek. Manchmal kamen sogar Leute eigens aus Graz, weil es hieß: In der Hubatschek-Bücherei gibt's das und das Buch.

Uns Kindern hat der Vater zu Weihnachten oft ein Buch geschenkt. Immer eines, das er selbst besonders gut fand. Er war nämlich der Meinung, wichtige Bücher sollte man nicht ausleihen, sondern selber besitzen. Mein Vater hat viel gelesen, über Carl Morre hat er sogar selbst ein Buch geschrieben. Carl Morre ist heute kaum mehr bekannt, seinerzeit aber war er sehr geschätzt, weil er soziale Themen aufgegriffen hat. Sein Theaterstück „'s Nullerl" war damals sehr beliebt.

Haben Sie sich als Pfarrerstochter besonders exponiert gefühlt?

Nein, gar nicht. Wir waren ganz normal in der Gemeinde integriert.

Können Sie sich auch an politische Ereignisse aus Ihrer Kindheit erinnern?

Eigentlich kaum, Politik hat mich damals nicht so interessiert. Nur im Februar 1934, da war ich allerdings schon 16, da gab es eine Art Bürgerkrieg, daran kann ich mich noch gut erinnern. Ein gutes Stück hinter unserem Haus war nämlich das Jugendheim der sozialistischen Partei. Dort hatten „die Roten" ihre Waffen gelagert. Bei diesem „Februarputsch" von 1934 wurde um unser Haus herum furchtbar geschossen. Dabei wurde einer sogar getötet.
Es war ein wunderschöner Februartag. Von den Bergen leuchtete der Schnee herunter ins Tal, und ich wäre so gerne Schi fahren gegangen. Doch man konnte nicht zum Haus hinaus. Da bin ich auf der Veranda gesessen und hab sehnsüchtig zum Schnee und zu den umliegenden Gipfeln hinaufgeschaut.

Wandern, Bergsteigen und im Winter das Schi fahren spielten also von Jugend an eine große Rolle in Ihrem Leben. Sind Sie bereits als Kind mit Ihren Eltern in die Berge gegangen?

Mein Vater war Mitglied beim Alpenverein. Er ist sehr gern gewandert und hat auch meine Mutter und mich in der Sektion Bruck an der Mur angemeldet. Ich war damals gerade drei Jahre alt und dürf-

Die Eltern Martha und Karl Hubatschek, um 1913

Erika in der schwäbischen Tracht der Familie Hoffmann, aus der die Mutter stammte, um 1921

te heute zu den wenigen Menschen mit einer über 85-jährigen Alpenvereinsmitgliedschaft gehören. Mein Vater war stolz darauf, eine Tochter zu haben, die schon beim Alpenverein ist. Doch Wanderungen oder Ausflüge mit den Eltern, das war damals eher selten. Urlaubsfahrten gab es auch keine. Mein Vater hatte einen Freund, mit dem wanderte er oft. Er hat ja die Schriftsteller Peter Rosegger und Ottokar Kernstock noch persönlich gekannt und war auch gern in der Oststeiermark unterwegs. Die Gegenden von Peter Roseggers „Waldheimat" und Ottokar Kernstocks „Festenburg", aber auch die Sonnschienalm am Hochschwab oder der Zirbitzkogel, das waren seine Wanderungen. Schwierigere Bergtouren hat er aber nicht gemacht.

Lediglich aufs Rennfeld sind wir hie und da alle gemeinsam gegangen. Das ist ein freistehender, sehr langgezogener Berg. Eigentlich sind es zwei Gipfel, die durch eine breite Einsattelung miteinander verbunden sind. Für uns Kinder war das schon ein ordentlicher Berg. Von unserem Haus weg waren es gut vier Stunden bis aufs Rennfeld, und zunächst musste man durch die ganze Stadt hindurch. Oben am Gipfel steht das Ottokar-Kernstock-Schutzhaus des Alpenvereins. Dort habe ich zum ersten Mal auf einer Schutzhütte übernachtet. Seitdem ist ein Schutzhaus, das auf einem Gipfel steht, für mich etwas ganz besonders Schönes. Vom Rennfeld aus bietet sich ein wunderbarer Rundblick, man kann bis zum Hochschwab sehen.

Der Hochschwab war dann mein nächster Gipfel, dort hab ich meinen ersten Zweitausender erstiegen. Später war ich sehr oft am Hochschwab, mit Freundinnen und auch allein zum Schi fahren auf der Sonnschienalm. Much und Zenzl Kröll, die Wirtsleute dort oben, kannte ich gut und ich hab gewusst: Wenn ich irgendwo bin und nicht mehr zurückkomme, dann suchen die mich! Die Krölls stammten aus Mayrhofen im Zillertal und waren somit die ersten Tiroler, die ich kennengelernt habe. Zum Hochschwab hab ich seit meiner Jugend eine besondere Beziehung, da bin ich sogar ein paarmal geklettert, mit Freunden vom Alpenverein.

Klettern in dieser Zeit, das klingt nach Abenteuer, allein schon wegen der Ausrüstung und der Sicherungstechnik. Eine verlässliche Wettervorhersage gab's auch noch nicht. Die Einstellung zum Bergsteigen der schärferen Richtung, zum Risiko, war sicher eine andere als heute. Sind Sie nie in brenzlige Situationen gekommen?

Doch, einmal, das muss ich gestehen. Das war in der Winkelkogel-Nordwestwand. Mit einer Freundin, die eine sehr gute Bergsteigerin war, und drei Bergsteigern aus Leoben bin ich dort eingestiegen. Die Männer hatten schon mehrere Erstbegehungen gemacht. Meine Freundin bildete mit dem einen Bergsteiger die erste Seilschaft, dann kamen die beiden anderen

Am Schulweg, um 1931

mit mir in der Mitte. Doch an der Schlüsselstelle kam die erste Seilschaft nicht mehr weiter, dabei waren sie wirklich gute Kletterer. Zu allem Übel schlug auch noch das Wetter um, und es begann zu schneien. Wir mussten also umkehren, doch das war gar nicht so einfach. Stellenweise ließen mich die Männer wie ein Postpackl am Seil hinunter. Aber wir sind alle wieder heil unten angekommen.
Noch ein anderes Mal hatte ich Riesenglück, das war auch am Hochschwab. Wir waren, wie so oft, in unwegsamem Gelände unterwegs, zu dritt. Es war ziemlich felsig und steil. Plötzlich, ich weiß nicht warum, zog es mir die Füße weg. Dadurch hat es mich von der Wand weggedreht. Mein Hintermann konnte mich gerade noch am Rucksack erwischen. Er hielt mich fest, bis ich mich selber irgendwie verspreizen konnte. Sonst wär's schon ein Stück dahingegangen, mit dem Rücken zur Wand. Danach hatte der Rucksack ein Riesenloch, so fest hatte mein Begleiter zugepackt. Gott sei Dank. Das waren schon Bergerlebnisse damals, die man so schnell nicht vergisst.

Woher rührt Ihre Liebe zur Natur, Ihre Freude an Bewegung und Sport? Welche Erlebnisse und Begegnungen haben Sie als Kind besonders nachhaltig beeindruckt und beeinflusst?

Also, ich muss sagen, meine Großmutter Sophie Tillian war in jeder Hinsicht eine ganz wichtige Person für mich. Sie war eine großartige Frau: sehr fortschrittlich, sportlich, wirklich eine besondere Frau. Und eine ausgezeichnete Pianistin obendrein! Meine Großmutter mochte ich wirklich sehr gern. Sie war so voller Güte und Liebe!
Ich war oft bei ihr und meinen beiden Tanten in Klagenfurt, eigentlich immer in den Ferien. Ihr verdanke ich es auch, dass ich bereits mit vier Jahren schwimmen lernte. Im Sommer gingen wir oft von Klagenfurt aus an den Wörthersee, ins Lorettobad. Das war eine ordentliche Wegstrecke, man musste mehr als eine Stunde zu Fuß gehen. Zurück durften wir dann mit der Straßenbahn fahren. Im Lorettobad bekam ich damals Unterricht: Mit einem breiten Gurt, der mit einer langen Stange verbunden war, wurde ich ins Wasser gelassen. Der Schwimmlehrer ging

draußen auf und ab und sicherte mich mit dieser Stange, bis ich mich allmählich selbst über Wasser halten konnte. Das Bad gibt's, glaub ich, heute noch, aber es schaut inzwischen sicher ganz anders aus. Damals gab es nur Holzplanken auf Pfählen im See. Es gab auch zwei Schwimmkabinen, in die direkt das Seewasser hereinreichte. Dort konnten die Damen schwimmen, ohne von außen gesehen zu werden.

Großmutter Sophie Hoffmann mit einem ihrer Enkelkinder

Woher stammt Ihre Großmutter?

Die Familie Hoffmann meiner Großmutter stammte ursprünglich aus Schwaben, aus der Stuttgarter Gegend. Mein Urgroßvater Karl Emil Christian Hoffmann war als Kaufmann in Triest ansässig und wurde dort deutscher Konsul. Sie hatten ein Landhaus auf einem Hügel oberhalb der Stadt, dort, wo jetzt die Universität steht. Nach 1918 mussten meine Urgroßeltern von Triest weggehen und ihr Besitz wurde enteignet. Man stellte ihnen einen Eisenbahnwaggon zur Verfügung. Alles, was sie darin nicht unterbringen konnten, musste zurückbleiben. Es war wirklich sehr viel, was sie damals aufgeben mussten. Meine Großmutter ist also in Triest aufgewachsen. Aus dieser Triester Zeit stammte auch ihre Verbindung zu Julius Kugy.

Zu Julius Kugy, dem großen Erschließer der Julischen Alpen?

Ja, Julius Kugy muss wirklich ein besonderer Mensch gewesen sein, weil ihn sowohl die Italiener als auch die Slowenen und die Deutschen sehr verehrten. Er war nicht nur ein ausgezeichneter Bergsteiger, sondern auch ein ganz großer Musiker, er hat wunderbar Orgel gespielt. Um Kugy sammelten sich Leute, die gerne musizierten und miteinander in die Berge gingen. So bildete sich ein echter Freundeskreis, zu dem auch meine Großmutter gehörte. In einem seiner Bücher, es heißt „Arbeit – Musik – Berge", kommt auch meine Großmutter vor, das „Bergschwesterlein" wird sie dort genannt. Ich hab sogar noch Briefe von Kugy an sein „liebes Bergschwesterlein". Sie standen ihr Leben lang miteinander in Verbindung.

Wie und wo hat Ihre Großmutter Ihren Großvater kennengelernt?

Meine Großmutter besuchte gemeinsam mit ihrem Vater von Triest aus ein Gustav-Adolf-Fest in Kärnten. Dort feiert die evangelische Kirche jedes Jahr am Fronleichnamstag dieses Fest als eine Art Kirchentag. Bei dieser Gelegenheit lernte sie ihren späteren Mann kennen.

Die Mutter mit der Urgroßmutter (links), dahinter der Vater Karl Hubatschek, etwa in Bildmitte die Großmutter Sophie, um 1912

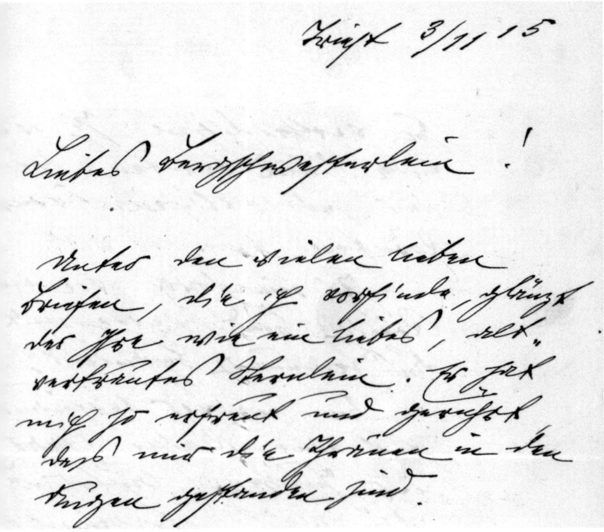

Triest 3/11 15

Liebes [illegible]!

Unter den vielen lieben Briefen, die ich vorfinde, glänzt der Ihre wie ein liebes, altvertrautes Sternlein. Er hat mich so erfreut und gerührt, dass mir die Thränen in den Augen gestanden sind.

Aus einem Brief von Julius Kugy, 1915

War Ihre Mutter auch so aufgeschlossen und sportlich?

Ja, das liegt schon irgendwie in der Familie. Bereits um das Jahr 1914 sind meine Eltern miteinander Schi fahren gegangen. Das war damals sehr ungewöhnlich. Die eine Wiege des österreichischen Schilaufs war ja am Arlberg, die andere in der Steiermark, im Semmeringgebiet, in der Umgebung von Mürzzuschlag. Meine Mutter trug beim Schi fahren einen Lodenrock, der bis zu den Knöcheln hinunterreichte, und mein Vater trug Stutzen. Jeder hatte einen langen Stock zum Bremsen und Lenken, wie das damals üblich war. Meine Mutter war Neuem gegenüber schon sehr aufgeschlossen.

Wann haben Sie selbst mit dem Schi fahren begonnen?

Das geht auf einen Turnprofessor aus meiner Mittelschulzeit zurück, der in dieser Hinsicht sehr modern und fortschrittlich war. Ich bin im Jahr 1928 in die erste Klasse der Mittelschule gekommen und er hat damals schon Schulschikurse abgehalten. Das waren richtige Schiwochen. Wir sind jedes Jahr auf eine andere Alpenvereinshütte gegangen. Natürlich mussten wir immer zu Fuß auf die Hütten hinaufgehen und dabei noch Rucksack und Schi selbst tragen. Hie und da gab es auch einmal ein Fuhrwerk oder einen Schlitten, die das Gepäck beförderten. Aber normalerweise mussten wir alles selbst tragen und mit unseren Seehundsfellen an den Schiern manchmal ein paar Stunden bis zur Hütte aufsteigen.

1928 gab es schon Schulschikurse?

Ja, da waren von der ganzen Schule alle diejenigen beisammen, die sich für das Schi fahren interessierten und die mitgehen konnten. Es hat sicher kein Vermögen gekostet – aber in den damaligen Zeiten war das ja trotzdem nicht für jedermann erschwinglich. Mein Vater musste eigens die Verantwortung dafür übernehmen, dass ich schon in der ersten Klasse mitgehen durfte, denn normalerweise war es erst ab der zweiten Klasse erlaubt. Solche Dinge hat mir mein Vater immer ermöglicht, nicht nur in dieser Hinsicht war er immer sehr großzügig.

Später, so um die Matura herum, bin ich auch mit dem Alpenverein auf Schitouren gegangen. Einmal waren wir eine ganze Woche auf der Kürsinger Hütte in den Hohen Tauern. So kam es, dass der Großvenediger mein erster Dreitausender wurde, den ich mit Schi bestieg.

Die Eltern beim Schi fahren im Winter 1914

Ihre Eltern haben Sie aber nicht nur in sportlicher Hinsicht unterstützt, sondern Ihnen auch das Klavierspiel ermöglicht.

Die Musik spielte in unserem Haus immer eine große Rolle. Meine Mutter hat sehr gern Klavier gespielt. Als sie mit meinem Vater verlobt war, sagte sie zu ihm: „Ich heirate nicht ohne Klavier!" Noch heute steht ihr Klavier in unserem Wohnzimmer. Auch ich selbst hab immer sehr gern darauf gespielt. Zunächst hatte ich eine Klavierlehrerin, später dann einen Lehrer, das war der Chorleiter von Bruck, ein sehr musikalischer Mensch. Später, nach dem Krieg, wie ich schon längst in Innsbruck gelebt hab, da hab ich nochmals Klavierstunden bei Josef Eduard Ploner genommen, einem damals sehr bekannten Musiker.

In dem Filmporträt über Sie, „Vom Leben am Steilhang", spielen Melodien von Franz Schubert eine große Rolle. Ist das ein Zufall?

Ja, das ist mehr oder weniger Zufall. Ich mag Schubert schon recht gern, aber die Musik zum Film wurde von meiner Tochter ausgewählt. Sie passt auch gut. Bei uns zu Hause wurden manchmal Schubertlieder oder Ähnliches gesungen, aber das Singen dieser Lieder hab ich eigentlich nicht so gern gemocht. Ich persönlich hatte Bach und auch Haydn besonders gern. Die Musik von Bach, die war damals in meiner Jugend absolut nicht geschätzt, so wie sie es heute wieder ist. Meine Mutter spielte Beethoven und die Romantiker, zum Beispiel Schumann – aber Bach mochte sie eigentlich nicht. Ich hingegen liebte Bach, die zweistimmigen Inventionen, auch noch die dreistimmigen, die hab ich teils auswendig gespielt. Und auch Haydn. Das waren eigentlich meine Lieblingskomponisten: Bach und Haydn.

Mussten Sie daheim auch irgendwelche Aufgaben übernehmen? Oder waren Sie außerhalb Ihrer schulischen Verpflichtungen frei?

Nein, mithelfen mussten wir eigentlich gar nicht. Das ist ja fast schade, so im Nachhinein betrachtet. Wir hatten ein sehr nettes Dienstmädchen. Sie war jahrelang bei uns und gehörte irgendwie zur Familie. Wir mochten sie alle sehr gern. Nachdem sie geheiratet hatte, kam ein Bauernmädchen zu uns, das ganz viel gesungen hat, da denk ich noch gerne dran zurück. Den „Küahmelcher" zum Beispiel, einen Jodler, den hab ich von diesem Mädchen gelernt.

Wie sah Ihr normaler Tagesablauf als Kind bzw. als Jugendliche aus?

In der Schulzeit hab ich eigentlich immer alles in der Früh erledigt. Ich bin jeden Tag, Sommer wie Winter, um sechs Uhr aufgestanden. Dann hab ich meine Hausaufgaben gemacht, gelernt und mich auf alles vorbereitet. Sogar Zeichnungen für Darstellende Geometrie hab ich manchmal in der Früh gemacht. Am Nachmittag hatte ich dann frei, im Winter bin ich viel Schi fahren gegangen, im Sommer schwimmen. Klavier hab ich auch immer sehr gern gespielt und sehr viel gelesen.

Welche Schule haben Sie besucht? Wie ist es Ihnen dort ergangen?

Nach der Volksschule ging ich in Bruck an der Mur in die Realschule. Um das Gymnasium zu besuchen, hätte ich jeden Tag nach Leoben fahren müssen. Normalerweise ging man fünf Jahre in die Volksschule und dann konnte man in die Realschule oder ins Gymnasium wechseln. In dem Jahr aber, in dem ich in der vierten Klasse war, wurde die fünfte Klasse aus heiterem Himmel einfach abgeschafft.
Ich kann mich noch gut daran erinnern: Ich war gerade in den Ferien in Klagenfurt bei meiner Großmutter und wollte zum Wörthersee schwimmen gehen. Da bekam ich eine Karte von meinem Vater, auf der er mir mitteilte, dass ich in vierzehn Tagen die Aufnahmeprüfung für die Realschule machen müsse, weil die fünfte Klasse abgeschafft worden sei. Ich bräuchte aber keine Angst zu haben, meinte er, denn ich würde das leicht schaffen.

So war es dann auch, oder? Ist Ihnen die Schule generell leichtgefallen?

Ja, ich bin recht gern in die Schule gegangen. An alle Schulzeiten, an meine eigene und auch an die 38 Jahre als Gymnasialprofessorin, denke ich gerne zurück. In der Realschule war Latein Freifach, da wurden die Schüler aller Klassen gemeinsam unterrichtet, wie in den Dorfschulen! Immerhin war die Matura für den Zugang zur Hochschule gleichberechtigt mit der vom Gymnasium, obwohl wir teilweise andere Unterrichtsfächer hatten. Darstellende Geometrie zum Beispiel war bei uns ein Pflichtfach, das war bei vielen gefürchtet wie im Gymnasium Latein. Ich mochte es aber immer recht gern, und ich glaube, es hat mir gut getan. Das räumliche Sehen wurde dadurch sehr geschult. Später ist mir das in der Geografie und auch beim Fotografieren zugutegekommen.

Als Maturantin im Jahr 1935

Wurde die Schule von Mädchen und Buben gemeinsam besucht?

An sich schon, aber unsere Klasse war als Einzige in der ganzen Schule eine reine Mädchenklasse und die Parallelklasse war eine reine Bubenklasse. Das hat sich zufällig so ergeben, weil bei uns durch den Wegfall der fünften Klasse ja die Schüler aus zwei Jahrgängen zusammengekommen sind. Dadurch waren wir über 30 Schülerinnen in dieser Mädchenklasse.

Ging es damals recht streng zu in der Schule?

Natürlich war die Schule damals noch viel strenger als zu meiner Zeit als Lehrerin, aber ich kann mich eigentlich an nichts besonders Schlimmes erinnern. Es ging viel disziplinierter zu als heute, aber das war sicher kein Nachteil.

Gab es in Ihrer Schulzeit auch Lehrer, die Sie besonders beeindruckt oder inspiriert haben? Oder die Sie besonders gefördert haben?

(Lachen) An einen Zeichenprofessor kann ich mich noch gut erinnern: Das war ein älterer Herr, der wirklich sehr schöne Gemälde gemacht hat

und sicher ein echter Künstler war. Nun bin ich im Zeichnen sehr ungeschickt, eigentlich kann ich gar nicht zeichnen. Und da mussten wir einmal Kreidezeichnungen machen. Als er meine sah, schmierte er sie mir direkt ins Gesicht und rief laut: „Was machst du denn da, du dumme Gans!" Das sollte sich heutzutage einmal ein Lehrer erlauben!
Wir hatten auch eine ausgesprochen nette, lebendige Turnprofessorin, die uns sehr begeistern konnte. Nicht umsonst haben vier oder fünf Mädchen aus meiner Klasse schließlich Turnen studiert! Überhaupt waren wir damals sehr auf den Sport bezogen. Am Nachmittag gingen wir oft auf den Turnplatz hinaus und trieben Leichtathletik. Außerdem hatten wir eine sehr gute Korbballmannschaft. Das Korbballspiel machte uns riesigen Spaß, und wir sind sogar nach Wien in die Meisterschaft gekommen. Korbball war eigentlich das ideale Schulspiel, weil man sich auf dem großen Spielfeld wirklich bewegen und hin und her rennen musste, anders als heute zum Beispiel beim Volleyball. Sport und Bewegung draußen in der Natur, das war uns damals wirklich wichtig.
Wir haben auch sehr viele Radtouren unternommen. Es hat ja kaum jemand ein Auto gehabt. Da sind wir zu zweit oder zu dritt nebeneinander auf der Bundesstraße geradelt und haben dreistimmige Jodler gesungen. Heute kann man sich das kaum mehr vorstellen. Die Straßen gehörten uns, denn es gab ja nur sehr wenige Autos. Das Ennstal sind wir hinaufgeradelt und weiter ins Salzkammergut oder eben nach Klagenfurt. Das war damals so selbstverständlich wie nur irgendwas. Dabei haben wir immer sehr gern gesungen und gejodelt. Das Jodeln gehört ja überhaupt hinaus an die frische Luft! Was man heutzutage an diesen Brauchtumsabenden hört, das hat ja oft nichts mehr mit Jodeln oder Volksmusik zu tun!

Hatten Sie schon während Ihrer Schulzeit konkrete Lebenspläne oder berufliche Vorstellungen? Wie ging es nach der Matura weiter?

Nach der Matura hab ich lange hin und her überlegt. Es gab drei Dinge, die in Frage kamen. Erstens: Musik studieren, zweitens: Turnprofessorin werden und drittens: Volksschullehrerin. Nach der Matura hab ich

dann ein Jahr ausgesetzt, weil ich einfach nicht wusste, was ich machen sollte. Meine Eltern schickten mich für zwei oder drei Monate nach Dänemark zu einer befreundeten evangelischen Pfarrerfamilie, der Mann war der Taufpate meiner Schwester. Sie lebten in der Nähe von Århus auf Jütland. Später wurde meine Mutter operiert, da kam ich wieder nach Hause, um ihr zu helfen. Dort in Århus war ich das erste Mal sehr weit und sehr lange weg von daheim. Immer, wenn ich Heimweh gehabt hab, und das war schon oft, bin ich über die Felder gegangen und hab meine Jodler gesungen, die ich sonst mit den Freundinnen gesungen hab – einfach eine Stimme nach der anderen. Mein Dirndl hatte ich auch mit, weil ich doch daheim immer im Dirndl gegangen bin.
In Århus habe ich zum ersten Mal ein volkskundliches Museum erlebt. Das Freilichtmuseum „Den gamle By" (Die alte Stadt), ein Ensemble historischer Gebäude, es ist eines der ältesten Museen dieser Art. Ich war damals sehr beeindruckt, ich sehe es noch heute vor mir: die Häuser und Werkstätten, die teilweise noch aus dem 17. Jahrhundert stammen. Man hatte den Eindruck, die Menschen seien gerade eben aufgestanden und von ihrer Arbeit weggegangen. Das hat mich sehr interessiert, dass man das alltägliche Leben und Arbeiten der Menschen so lebendig dokumentieren kann. Da war bei mir ein Same für die Volkskunde gelegt.
Ein Jahr später, im Herbst 1936, begann ich dann in Graz mit dem Studium: Turnen, Germanistik als zweites Fach und Volkskunde. Die Musik wollte ich mir lieber für die Freizeit aufsparen und nicht als Beruf wählen.

Haben Sie Ihre Eltern in der Studien- bzw. Berufswahl beeinflusst?

Nein, ich hab wirklich das machen dürfen, was ich wollte. Meine Eltern haben mich nie in eine bestimmte Richtung gedrängt, sondern mich in dem, was ich tat, in bestem Einvernehmen unterstützt und aufrichtig bestärkt. Ich habe noch einen Brief von meinem Vater, der mit einem sehr bezeichnenden Satz endet: „Ich wünsche Dir von ganzem Herzen, dass Du einen glückhaften Weg gehst und vielen Menschen viel sein kannst."

BEWEGTE LEHR- UND WANDERJAHRE: DIE STUDIENZEIT

„Es gehört wohl zum Schönsten, was es gibt, sich ein Land zu erwandern"

Sie haben im Herbst 1936 zunächst in Graz zu studieren begonnen und sind dann ein Jahr später nach Innsbruck gewechselt. Wie ist es dazu gekommen?

Ich war in Graz eigentlich furchtbar unglücklich. Es war klimatisch so anders als in Bruck an der Mur. In Bruck treffen ja drei Täler zusammen, dadurch gibt es immer Bewegung in der Luft. Das Klima dort ist nicht gerade rau, aber rauer als in Graz ist es auf jeden Fall. Durch die Beckenlage gibt es in Graz furchtbar viel Nebel, manchmal konnte man monatelang keinen Sonnenstrahl sehen. Darunter hab ich furchtbar gelitten. Noch dazu gab es in dem Zimmer, wo ich in Untermiete wohnte, schrecklich viele Wanzen, sodass ich gleich einmal ein anderes suchen musste.

Mit der Germanistik war ich auch nicht gerade glücklich. Wir hatten da einen Professor aus Vorarlberg, der sprach ziemlich stark Dialekt, und das Vorarlbergerische, das war für uns im Osten schon an sich eine

Nebelmeer im Stubai, die Berge im Licht (1943)

Fremdsprache. Man kam ja damals nie nach Vorarlberg, keine Spur. Nun konnten wir den an sich schon kaum verstehen und dann war die Vorlesung, die er hielt, auch noch Gotisch. Also Gotisch auf Vorarlbergerisch, das war zu viel für mich. Anderen ging es nicht besser.
Da ergab es sich, dass die Grazer Turnstudentinnen eine Einladung zu einem Korbballwettspiel nach Innsbruck bekamen. Bei dieser Mannschaft war ich dabei. So kam ich im Mai 1937 ganz zufällig nach Innsbruck. Wir kamen abends in der Dunkelheit an und wohnten in der Jugendherberge neben der Ottoburg am Rande der Altstadt. Am andern Morgen ging ich in der Früh um sechs – ich war ja schon immer eine Frühaufsteherin – zum Haus hinaus. Und da stand die Nordkette vor mir, tief verschneit, davor leuchteten die Bäume in ihrem linden Frühlingsgrün und der Inn, und diese Häuser an der Innstraße glänzten drüben auf der anderen Flussseite in der Morgensonne. Das war ein Prachtblick, so unverhofft, ich sehe das heute noch vor mir. Da war es geschehen um mich. Ich hab mir gedacht, ob ich in Graz ein Zimmer nehme oder in Innsbruck, das bleibt sich doch gleich. Also bat ich meine Eltern, ob ich für zwei Semester nach Innsbruck gehen dürfte. Sie erlaubten es mir, und so kam ich im Herbst 1937 nach Innsbruck, für zwei Semester *(Lachen)*. Seitdem bin ich hier!

Sie haben hier in Innsbruck auch Ihren Studienschwerpunkt verlagert.

Ja, richtig. In Innsbruck hab ich noch die Geografie dazugenommen. Das war ein Glücksfall. Die Geografie war einfach das Fach, das für mich passte. Ich ahnte damals ja noch gar nicht, dass es eine Agrargeografie gibt. Erst hier in Innsbruck bin ich auf diesen Zweig gestoßen. Die Germanistik hab ich nach einer Weile aufgegeben und Geografie als Hauptfach gewählt. Im Nebenfach bin ich bei der Volkskunde geblieben und hatte hier in Innsbruck mit Hermann Wopfner einen hervorragenden Professor. Von ihm habe ich sehr viel gelernt.
In der Geografie ist die Umgestaltung der Landschaft durch den Menschen ein sehr wichtiges Thema. Da hab ich mir gedacht, nachdem ich so gern in den Bergen bin, schau ich mir eben die Umgestaltung der Land-

schaft durch die Bergbauern genauer an. Damals ahnte ich gar nicht, dass das für mich zu einem wirklich wichtigen Thema werden würde.
In Geografie hatten wir hier einen sehr, sehr guten Professor: Hans Kinzl. Er war sowohl fachlich als auch menschlich wirklich ganz großartig. Diese Persönlichkeit war mit ein Grund, weshalb ich in Innsbruck geblieben bin. Kinzl hat sich sehr um seine Studenten gekümmert: Jeden Nachmittag um fünf ging er durchs ganze Institut und schaute, was jeder gerade machte. Er hatte für jeden ein offenes Ohr, man konnte ihn fachlich jederzeit alles fragen.
Kinzl war selbst ein Bauernsohn aus Oberösterreich und schon deshalb brachte er meinem Interesse sehr viel Verständnis entgegen. Aus dem Ersten Weltkrieg war er mit einer schweren Verletzung an der Hand heimgekehrt, deshalb konnte er einem zum Gruß nur die linke Hand reichen. Dadurch hatte er gerade später für jene Studenten, die aus dem Krieg zurückkehrten, menschlich sehr viel Verständnis. Ich hatte ja einige Studienkollegen, die schon vor mir begonnen hatten, aber kriegsbedingt erst nach mir abschließen konnten.

In den dreißiger Jahren des letzten Jahrhunderts war es für junge Frauen nicht gerade gang und gäbe, die Universität zu besuchen. Wie ist es Ihnen während des Studiums ergangen? Wie kann man sich den Studienalltag in den dreißiger Jahren vorstellen?

Am geografischen Institut in Innsbruck hab ich mich wirklich vom ersten Augenblick an sehr wohl gefühlt: menschlich, fachlich und auch vom Ort her. Im Vergleich zu Graz war das ja der reinste Luftkurort. Das geografische Institut war damals am Innrain im zweiten Stock, westseitig (das chemische Institut gab es noch nicht), mit freiem Blick ins Sellrain und ins Oberland.
Meine Wohnsituation war nun auch viel besser als vorher in Graz. Ich hatte ein Zimmer zur Untermiete, draußen in der Nähe der Kapelle zum „Großen Gott", später dann in der Hörtnaglsiedlung, bei einer Witwe mit ihren beiden Töchtern. Damals gab es da oben außer den kleinen Siedlungshäusern nur ein paar Bauernhöfe, sonst nichts, natürlich auch

keine Busverbindung. Da musste man eben zu Fuß gehen, aber das hab ich sehr genossen. Im Sommer bin ich natürlich mit dem Rad gefahren, doch im Winter bin ich immer zu Fuß bis zur Universität gegangen. Sonnenstraße – Rösslsteig – und schon war man unten. Das Hereingehen in die Stadt war mir eigentlich jeden Morgen eine schöne Stunde.

Gab es in Ihrem Fächerbündel noch andere Studentinnen?

Im Turnen gab es noch eine zweite in meinem Semester. Die hat aber später in die Medizin gewechselt und ist Kinderärztin geworden. In der Geografie gab es noch sieben oder acht andere Studentinnen.

Wie haben Sie sich Ihre Studienzeit finanziert?

Das haben mir meine Eltern ermöglicht. Wir mussten damals ganz selbstverständlich Studiengebühren bezahlen. Ohne die Unterstützung von zu Hause wäre das Studium gar nicht möglich gewesen.

Innsbruck galt und gilt auch als Bergsteiger-Hauptstadt. Gerade unter den Geologen und Geografen gab es immer wieder Professoren, die dem Alpenverein sowohl in ihren wissenschaftlichen Tätigkeiten wie in ehrenamtlichen Aufgaben eng verbunden waren. Auch Hans Kinzl war nicht nur ein hervorragender Wissenschaftler, sondern ebenso ein guter Bergsteiger. Ich nehme an, dass Ihnen diese Verbindung sehr gelegen kam?

Ja, das stimmt schon. Es war so ein gewisses gegenseitiges Grundverständnis da. Gerade bei den Exkursionen ist einem das zugutegekommen. Es gab sogar Studenten wie den späteren Universitätsprofessor Helmut Heuberger, der sagte immer, er habe Geografie nur wegen der Bergsteigerei gewählt. Ich kann mich noch gut an eine Gletscherexkursion mit Professor Kinzl im Gebiet der Franz-Senn-Hütte erinnern, das war 1946.
Am Alpeiner Ferner gab es damals eine Art Eisbrücke, ziemlich breit und lang. Da ist Heuberger ohne Steigeisen drübergegangen, das dürf-

Gletscherexkursion mit Prof. Kinzl (in Bildmitte) im Stubai (1946)

te eine seiner ersten „wissenschaftlichen Gletscherbegehungen“ gewesen sein. Er sah aus wie ein Weberknecht auf dem Eis, weil er doch so lang und schmal war. Kinzl schimpfte furchtbar über diesen Leichtsinn, daran kann sich Heuberger heute noch, nach sechzig Jahren, erinnern. *(Lachen)* Heuberger nahm übrigens 1954 an der Cho-Oyu-Expedition teil, bei der Herbert Tichy, Sepp Jöchler und Pasang Dawa Lama die Erstbesteigung dieses Achttausenders gelang.
Wir machten einige Exkursionen damals, obwohl sie alle sehr bescheiden waren, im Vergleich zu heute. Unsere einzigen größeren Fahrten führten an den Bodensee und einmal ins Karwendel.
Schlechtwetter war für Kinzl kein Grund, eine Exkursion abzubrechen. Einmal waren wir bei strömendem Regen im Karwendel unterwegs. Kinzl hatte einen kleinen Regenschirm mit und konnte alle seine Skizzen und Notizen im „Trockenen“ machen. Auch ich habe später bei meinen Almbegehungen einen „Knirps“ mitgenommen und oft gut brauchen können.

In den dreißiger Jahren führte Kinzl mit dem Alpenverein einige große Kundfahrten in den peruanischen Anden durch. Während einer Expedition in die Cordillera Blanca brach dann 1939 der Krieg aus, und Kinzl durfte Peru nicht mehr verlassen. Erst 1941 ist er dann unter großen Umständen nach Innsbruck zurückgekehrt. Deswegen musste meine Doktorarbeit und -prüfung Kinzls Vertretung abnehmen.

Sie haben Kinzls Expedition in die Cordillera Blanca erwähnt. Ein ähnliches Schicksal, jedoch mit ungleich berühmterem Ausgang, ist zwei anderen österreichischen Bergsteigern, nämlich Peter Aufschnaiter und Heinrich Harrer, bei ihrer Nanga-Parbat-Erkundungsfahrt im Jahre 1939 widerfahren. Können Sie sich an diese Ereignisse erinnern?

Freilich! Auch an die Erstbegehung der Eiger-Nordwand, das war schon ein „Mordsereignis". Heinrich Harrer hab ich entfernt von Graz her gekannt, da verfolgt man die Dinge mit besonderem Interesse. Er hat in Graz Turnen und Geografie studiert, genau meine Fächer, nur etwas vor mir. Einmal waren wir gemeinsam mit einer Gruppe auf der Tauplitzalm zum Schi fahren. Während meiner zwei Semester in Graz wohnte ich eine Zeit lang bei der Witwe und den beiden Töchtern von Alfred Wegener, dem weltbekannten deutschen Geologen und Polarforscher. Er stammte übrigens auch aus einer Pastorenfamilie und war mit der Urania, für die mein Vater tätig war, eng verbunden. Wegener war 1930 von seiner letzten Grönlandexpedition nicht mehr zurückgekehrt. Harrer hat die Lotte, eine der Wegener-Töchter, geheiratet. Die Ehe wurde dann aber bald geschieden, weil er ja so lange weg war, zuerst in der Gefangenschaft, dann in Tibet. Sein Buch „Sieben Jahre in Tibet" finde ich wirklich großartig. Das habe ich oft gelesen, teilweise sogar später mit den Schülern. Auch meine Tochter war von dieser Geschichte schon als Kind sehr begeistert.

Die Eiger-Nordwand wurde im Jahr 1938 erstbegangen, dem Jahr, das Österreich den „Anschluss" ans nationalsozialistische Deutsche Reich brachte. Das Interesse der Medien war sehr groß, und der erfolgreiche Zusammenschluss einer deutschen und einer österreichischen Seilschaft in der berüchtigten Eiger-Nordwand wurde nicht zuletzt auch symbolisch interpretiert. Wie haben Sie diese Zeit erlebt und empfunden?

Das ist schwer zu sagen, so im Nachhinein. Es gab eine Aufbruchsstimmung. Ich meine, die Dinge, die dann nachher passiert sind, diese schrecklichen, die hat man nicht so mitgekriegt. Ich muss ehrlich sagen: Die Politik hat mich eigentlich nicht sehr interessiert.

Sie sagen, es war eine Aufbruchsstimmung da. Gab es auch Ängste?

Angst hab ich in dieser Zeit eigentlich nie gehabt, die kam erst später, im Krieg und vor allem am Kriegsende, als die Amerikaner gekommen sind. Das waren schon sehr ungute Zeiten.

Haben Sie zum Beispiel an der Uni oder in Ihrem Bekanntenkreis politische Themen und Ereignisse diskutiert?

Eigentlich nicht, daran kann ich mich nicht erinnern. Wir haben zum Beispiel gern Volkstanz gemacht, das war damals noch in Bruck an der Mur. Aber das hat mit der Politik ja nichts zu tun gehabt. Wir haben auch gerne Volkslieder gesungen, zum Beispiel „Die Morgenfrühe, das ist uns're Zeit, wenn die Winde um die Berge singen". Oder „Wenn koa Nacht nimma kam, kunnt koa Tag nit bestehn, wanns koan Regen nit hätt, wär die Sonn a nit schön, und das Leid ist wohl da, dass wir die Freud recht verstehn" – diese Art Lieder. Die haben wir damals gesungen, später haben sie viele davon unter anderem auch in der katholischen Jungschar gesungen – warum nicht?

Im Alpenverein gab es auch antisemitische Tendenzen, in manchen Sektionen wurden Juden ausgeschlossen. Haben Sie das mitbekommen?

Nein, das hab ich ehrlich gesagt nicht mitgekriegt. Ich meine, ich war damals 22 Jahre jung, mich haben die Berge interessiert. Für uns waren die Berge wichtig. Dafür haben wir uns begeistert, fürs Bergsteigen, für die Natur und das einfache Leben.

Ich stelle mir vor, dass man von diesen Tendenzen in den Vorkriegsjahren vielleicht gar nicht so viel mitbekommen hat, wenn man nicht unmittelbar im Familien- oder Bekanntenkreis betroffen war.

Wahrscheinlich. Da fällt mir gerade ein, ich hab später als Lehrerin an der Schule eine Schülerin gehabt, deren Vater Jude war. Ich hab sie sehr gern mögen und auch viele Schitouren privat mit ihr gemacht. Also, das wusste man schon, dass ihr Vater ein Jude ist. Aber das hat ihr weiter nicht geschadet, glaube ich. Von den schrecklichen Verbrechen an den Juden haben wir damals nichts geahnt.

Haben Sie die Bergfilme von Arnold Fanck und die Filme von Leni Riefenstahl gekannt?

Ich glaube, ich hab sie schon einmal gesehen. Sie haben mich aber nicht weiß Gott wie beeindruckt. Das ist komisch, für den Film hab ich überhaupt nicht so viel übrig. Er ist mir zu unwirklich, die Geschichten sind doch oft ein bisschen an den Haaren herbeigezogen. Ich bin eher fürs Natürliche, für Ehrlichkeit, nicht für irgendwelche aufgemaschelten Dinge.

Wann haben Sie selbst mit dem Fotografieren begonnen?

Zur Konfirmation bekam ich einen kleinen Fotoapparat, eine Zeiss-Iconta mit einem ganz ausgefallenen Format, 4,5 x 6 cm. Mit der hab ich ein bisschen fotografiert. Aber ich hab nie einen Kurs gemacht oder ein Buch übers Fotografieren gelesen, nie. Hier in Innsbruck habe ich dann Siegfried Dialer kennengelernt, der war ein guter Fotograf. Er hatte eine Kodak-Retina und riet mir, ich solle mir auch eine kaufen. Das hab ich auch getan. Wir haben dann sozusagen um die Wette fotografiert. So begann es.

Von Anfang an, schon bei meinen ersten Almbegehungen im Stubaital, hatte ich immer diese Retina mit dabei. Alle meine besonderen historischen Aufnahmen bis ungefähr 1950 sind mit dieser Kamera entstanden. Ich hab sie heute noch. Sie war für damalige Verhältnisse sehr leicht und fein zum Mitnehmen, dabei hatte sie weder Belichtungs- noch Entfernungsmesser und natürlich auch kein Blitzlicht. Man musste eben alles nach Gefühl einstellen: Entfernung, Belichtung, Blende. Da war das Fotografieren schon eine Kunst – schwieriger als heute jedenfalls.
Vor allem bei den Innenaufnahmen, da musste man den Blitz mit diesen praktischen Pulversackerln machen: Orion, das rauchlose Blitzlicht, hießen die. Man stellte den Apparat auf und öffnete Blende und Verschluss. Dann hängte man dieses Pulversäckchen an einer langen Stange auf und es wurde angezündet. In dem Moment, wo es explodierte, entstand ganz automatisch die Aufnahme. Man musste gar nicht mehr abdrücken, denn es war ja schon alles offen. Manchmal ergab sich so ein sehr schönes Seitenlicht, nicht so wie beim Blitzlicht, da ist ja die Beleuchtung normalerweise immer zentral.

In welcher Absicht sind Ihre Bilder entstanden? Waren sie von vornherein als wissenschaftliches Dokument geplant?

Einerseits schon, weil es mich oft geärgert hat, dass in manchen wissenschaftlichen Beiträgen die Dinge so schlecht dokumentiert waren. Da dachte ich, das möchte ich einmal besser machen. Aber das Fotografieren hat mir auch einfach Spaß gemacht. Ich hab alles fotografiert, was mich interessierte oder was mir gefallen hat: egal ob es Berge, Leute beim Arbeiten, ihre Arbeitsgeräte oder sonst etwas waren. Ich hab einfach versucht, das Wesentliche mit der Kamera einzufangen. Scheinbar ist mir das gelungen. Ich hab damals nie daran gedacht, mit den Fotografien einmal etwas anzufangen, keine Spur davon. Wenn mir jemand gesagt hätte, dass ich damit einmal Bücher, Kalender oder Ausstellungen machen würde, ich hätte höchstens gelacht und gesagt: „Ihr seid ja verrückt!"

Ihre ältesten und viele Ihrer bedeutendsten Bergbauernfotografien stammen aus dem Stubaital. Wann haben Sie das Stubaital als Arbeitsgebiet entdeckt?

Das werde ich nie vergessen, wie ich zum ersten Mal ins Stubaital gekommen bin! Das war gleich zu Beginn meiner Innsbrucker Zeit, im Herbst 1937. Ich bin mit einer Freundin mit dem Rad, unseren guten schweren Steyrer Waffenrädern, die Brennerstraße hinauf – geschoben natürlich! Es war ein wunderschöner Herbsttag. Wenn man über den Schönberger Bichl kommt, hat man plötzlich das ganze Stubaital vor sich liegen. Das hatte ich nicht erwartet. Ich war einfach weg, wie ich das gesehen hab: die strahlend weißen Gletscher ganz hinten, darüber dieser tiefblaue, klare Himmel, die Lärchen, schon golden, wie es im Herbst halt ist. Da war es um mich geschehen, und ich hab mir geschworen: Meine erste Arbeit an der Uni mach ich übers Stubaital! Und so war es dann auch: Im Jahr 1938 schrieb ich meine erste Seminararbeit über die Alm- und Viehwirtschaft der Gemeinde Neustift, also über die innerste Gemeinde des Stubaitals.

Da musste ich dann ausgiebig bergsteigen, um auf all diese Almen zu kommen. Die sind ja sehr weit verstreut und liegen teils sehr hoch – die Bergmähder reichen bis auf 2600 Meter Höhe hinauf. Natürlich hab ich damals auch sehr viel mit den Bauern zu tun gehabt. Für mich war das ja alles vollkommen neu, so etwas hatte ich noch nie vorher gemacht. Ich hatte auch keine Unterlagen, gar nichts. Da hab ich alles erfragen müssen, bei den Bauern und am Gemeindeamt, halt reden mit den Leuten. Aber mir ist es recht gut gegangen da drinnen im Stubai, die Bauern nahmen mich freundlich auf und mich hat's riesig gefreut, dass ich diese Arbeit machen konnte, dass ich dieses Fach gefunden hab. Es war eine wunderschöne Zeit.

Auf einem Bauernhof im Stubaier Oberbergtal konnte ich dann länger bleiben. Das war bequem, weil ich so den Bergen sehr nahe war. Auf diesem Bauernhof war über dem Stall ein kleiner Raum ausgebaut, alles holzgetäfelt. Da durfte ich schlafen, direkt über dem Stall. Vom Fenster aus sah man genau das Licht der Franz-Senn-Hütte, zu der hab

Auf Almbegehung in den Stubaier Alpen (1950)

Stubaier Gletscherwelt von der Hölltalscharte aus: Wilder Freiger, Zuckerhütl

mit Wildem Pfaff, Schaufelspitze (von links nach rechts; 1941)

ich seither eine besondere Beziehung. Klar, dass ich da auch öfter hinaufging.
Auf diesem Hof war ich oft und hab bei allen Arbeiten mitgeholfen, auch auf den Bergmähdern. Ich hab da schon auch sehr viel fotografiert. Ohne es zu beabsichtigen oder auch nur zu ahnen waren diese Aufnahmen dann die Grundlage für mein Buch „Bergbauern im Stubai", das ich erst sechzig Jahre später herausgebracht habe. Das hat sich dann alles wie von selbst entwickelt.

Wandern und Bergsteigen waren dann immer im Zusammenhang mit Ihrer Arbeit zu sehen. Kein Freizeitvergnügen also, sondern Mittel zum Zweck?

Ich empfand es eigentlich nicht als Arbeit, sondern als Freizeitvergnügen, das muss ich schon sagen. *(Lachen)* Aber, es ist natürlich wirklich so: Da gab es keine Trennung, das ging alles Hand in Hand. Und gerade das Wandern, das Zu-Fuß-Gehen, ist wirklich etwas sehr Typisches für die damalige Zeit. Heute nimmt ja jeder gleich das Auto, wenn er ein paar Meter weiter muss. Damals ist man unheimlich viel zu Fuß gegangen. Ganz selbstverständlich, da hat kein Mensch was dran gefunden. Auch im Winter, und die Winter waren damals viel strenger als jetzt. Da bin ich oft mit den Schiern hinein nach Oberberg. Das war ein sehr schmaler Karrenweg damals, keine Asphaltstraße so wie jetzt. Die Schi galten gewissermaßen als „zweckmäßiges Verkehrsmittel". Einmal kam mir ein Bauer entgegen, mit einem riesigen Heuschlitten, gerade an einer besonders steilen Stelle. Da hab ich gesagt: „Da braucht's aber gute Füß', dass man da bremsen kann." – „Na", hat er drauf geantwortet, „aber guate Schuach."

Haben Sie über diese Almbegehungen hinaus noch weitere Bergtouren gemacht, zum Beispiel mit dem Innsbrucker Zweig des Alpenvereins?

Mit dem Zweig Innsbruck hatte ich nicht so viel zu tun, weil ich ja in der Sektion Bruck an der Mur geblieben bin. Aber ich kannte natürlich

viele Leute, Kuno Rainer oder Peter und Paul Aschenbrenner von den Karwendlern zum Beispiel, das waren ja lauter extreme Bergsteiger. Oder Hans Freinademetz, der hat ziemlich viele Erstbegehungen gemacht. Mit Wastl Mariner, dem bekannten Bergretter, bin ich öfter Touren gegangen. Meine einzige Klettertour, die ich überhaupt gemacht hab in Tirol, die hab ich mit Wastl Mariner und Friedl Hütter gemacht.
Es war schon spät im Jahr, zu Allerheiligen, aber das Wetter war noch sehr schön und ausnahmsweise gab es noch keinen Schnee in den höheren Lagen. Wir sind zuerst auf die Hinterhornalm gegangen und übernachteten dort. Da gab es so furchtbar viele Mäuse, dass wir in der Nacht aufgestanden sind, um die Rucksäcke aufzuhängen, damit die Mäuse nicht alles zusammenfressen. Am nächsten Tag sind wir dann auf den Hundskopf – heute ist das ja ein Klettersteig –, dann sind wir über die ganzen Fallbachkartürme geklettert bis hinauf auf den Bettelwurf. Das war schon eine Mordstour, wunderschön. So was hab ich gern gemacht. Am nächsten Tag hätten wir dann die Lafatscher-Nordostwand machen wollen. Aber da wurde das Wetter schlecht, zum Glück! *(Lachen)* Ich war sehr froh, weil ich schon auch ein bisschen Angst gehabt hab. Die richtig großen Wände, das extreme Klettern, das hat mich eigentlich nie gelockt. Ich kann mir gar nicht vorstellen, dass ich daran Freude gehabt hätte. Ich *gehe* lieber auf die Berge.

Und Sie sind im Winter sehr gerne Skitouren gegangen.

Oh ja, sehr gerne. Im Winter jeden Sonntag, im Frühjahr sogar oft samstags und sonntags. Das war immer sehr nett. Es hat ja niemand ein Auto gehabt, sondern man ist mit dem Zug gefahren. Die Tüchtigeren sind mit dem Sieben-Uhr-Zug gefahren. Um acht Uhr gab es noch einen für die Spätaufsteher. Im Zug hat man sich dann immer getroffen, man kannte sich ohnehin schon. Gerade der Brennerzug war sehr beliebt, weil man damit hoch hinaufkam. Eine Lieblingstour von mir war die Vennspitze. Die ist zwar einfach, aber in der damaligen Zeit ging man überhaupt einfachere Touren. Diese extremen Touren, wie man sie

Beim Schiwachsen im Alpbachtal

heutzutage fährt, diese Steilwände und ich weiß nicht was alles, das gab es damals nicht. Dafür musste man länger gehen. Wollte man auf die Vennspitze, fuhr man mit dem Zug nach St. Jodok. Dann musste man erst ins Dorf hinuntergehen und von dort durch dichten, steilen Wald hinauf nach Padaun. Beim Steckholzer gab es meistens eine Milch oder einen Tee, bevor es wieder weiterging. Auf der Vennspitze war ich wirklich sehr oft. Einmal ging ich drei Tage hintereinander immer wieder auf die Vennspitze, weil es so herrlich war, sowohl vom Schnee her als auch vom Wetter.

Ich bin sehr viel alleine unterwegs gewesen. Als Studentin hatte ich diese Freiheit, und ich nutzte sie manchmal, wenn keine Vorlesung war oder die Verhältnisse gerade günstig waren. Ich hab es nie bereut und es ist mir nie etwas passiert.

Sehr oft war ich auch in der Schlick zum Schi fahren. Das war mein zweites Lieblingsgebiet. Mit der Stubaitalbahn ging es hinein nach Telfes und von dort zu Fuß weiter nach Froneben. Die Seilbahn gab es damals ja noch nicht. Auf den Kleinen Burgstall bin ich sehr gern gegangen. Das war hie und da nicht sehr ratsam, besonders wenn es recht lahnig war. Da bin ich halt nur auf das Sennesjöchl. In der Schlick musste ich sehr oft spuren, aber das hab ich immer besonders gern gemacht: meine eigene Spur hinaufzulegen. Bei der Abfahrt war das Gelände natürlich auch völlig unverspurt. Es war herrlich: die Vennspitze, die Schlick und der Gilfert – das waren meine liebsten Schitourenziele.

Der Gilfert war schon ziemlich weit für eine Tagestour. Von der Hörtnaglsiedlung musste ich erst einmal zu Fuß zur Kapelle zum „Großen

Gott", von dort mit dem Bus zum Bahnhof, dann mit dem Zug nach Terfens. Zu Fuß ging es hinüber nach Weer. Damals gab es am Inn ein Mauthäusl, wenn man als Fußgänger über die Brücke wollte, musste man Maut bezahlen. Dann ging's mit den Fellen hinauf auf die Hausstatt und weiter zur Nonsalm, da hat dann meistens die Sonne gerade richtig schön hergebrannt. Das war wirklich ein Hochgenuss. Davon zehre ich heute noch.

Wie sah Ihre Schiausrüstung damals aus?

Meine ersten Schi waren lange Holzschi, für die Felle nahm man echte Seehundsfelle. In der Kriegszeit konnte ich einmal einen schönen Vorhangstoff gegen ein Paar original norwegische Hickory-Schier eintauschen. Die hab ich heute noch. Sie hatten noch keine Kanten, waren aber schon ein bisschen angefräst. Am liebsten aber fuhr ich mit meinen zwei Meter langen Voll-Hickory-Schiern. Mit denen hatte man einfach einen wunderbaren Stand. Natürlich konnte man bei der damaligen Ausrüstung mit abgebrochenen Schispitzen oder einem kompletten Schibruch so allerhand erleben. Wir hatten immer unser Schiflickzeug dabei: einen kleinen Handbohrer, Flügelmuttern und Ersatz-Metallspitzen. Da war auch handwerkliches Geschick gefragt.

Ihre Seminararbeit über die Alm- und Viehwirtschaft der Gemeinde Neustift kann man wohl als Grundlagenforschung bezeichnen. In Ihrem Buch „Bergbauern im Stubai" lassen sich die akribisch geführten statistischen Aufzeichnungen und die gezeichneten Kartenskizzen noch heute bewundern. Nach dieser ersten Feldforschung ging es mit Ihrem Studium zügig weiter, der erfolgreiche Abschluss ließ nicht allzu lange auf sich warten.

Als ich so nach sechs Semestern ans Fertigmachen gedacht hab, bin ich zu Professor Kinzl gegangen und hab gesagt: „Ich möchte gern ein Hausarbeitsthema haben." Er hat mich fragend angeschaut, durch seine starken Brillengläser: „Hausarbeit? Sie meinen wohl Dissertation."

Winter in der Schlick, Stubai, Tirol (1940)

– „Nein“, hab ich gesagt, „nein, ich meine Hausarbeit! Ich möchte eine Hausarbeit machen.“ Und er hat geantwortet: „Also, sagen Sie Hausarbeit und ich sag Dissertation, werden wir ja sehen, was es dann wird.“

Und es ist dann wirklich eine Dissertation geworden.

Ja, dabei hab ich eigentlich nicht vorgehabt, ein Doktorat zu machen.

Wie sind Sie zu Ihrem Thema, dem Oberen Lungau, gekommen?

Kinzl fragte mich, worüber ich arbeiten möchte, und mir war von vornherein klar, dass ich eine Feldarbeit und keine Literaturarbeit machen wollte. Da fragte er mich, wo ich denn arbeiten wolle.
„Zwischen Bruck an der Mur und Innsbruck“, hab ich gesagt, weil ich doch so oft hin- und hergefahren bin. „Ja, dann gehen Sie doch in den Lungau. Der Lungau ist ein sehr interessantes Gebiet und noch verhältnismäßig unberührt. Das wird Ihnen gefallen.“ So kam ich also in den Lungau.
Der Lungau ist eine besondere Gegend, auch geografisch gesehen. Es ist der einzige Bezirk Österreichs, in dem es keinen Punkt gibt, der tiefer als 1000 Meter liegt. Die Winter dort sind besonders kalt, damals gab es jedes Jahr minus 30 Grad. Daher wird die Gegend auch „Sibirien Österreichs“ genannt. Und der Lungau war damals sehr abgelegen. Es gab nur die alte Verbindungsstraße über den Katschberg nach Kärnten oder über den Radstädter Tauern hinaus ins Ennstal, das war ja nach dem Brenner der nächste Übergang über die Alpen. Heute kann man sich gar nicht mehr vorstellen, wie entlegen das damals war.
Mein Plan war es, eine Kulturgeografie vom Lungau zu machen. Im Sommer 1939, also noch vor Kriegsausbruch, fuhr ich in den Lungau und begann mit der Erhebung der Almen. Ich dachte mir: Das andere, das kannst du im Winter noch machen, aber die Almen sind nur im Sommer möglich. So hab ich dann alle diese 110 oder noch mehr Almen im Oberen Lungau, in den Gemeinden Zederhaus, Muhr und St. Michael im Sommer 1939 untersucht.

Ein altes Sprichwort besagt: „Das beste Stück im Reisegepäck ist und bleibt ein fröhliches Herz." Wie dürfen wir uns das ganz konkret vorstellen, wenn die knapp 22-jährige Studentin Erika Hubatschek zu den Bergbauern aufbricht? Was war in Ihrem Reisegepäck?

Ein fröhliches Herz hab ich schon gehabt, auch eine Landkarte natürlich, Schreibzeug und meinen Fotoapparat. Damit bin ich einfach losgezogen. Durch das eigene Tun lernt man ja am meisten. Bei meiner Doktorarbeit kam mir schon meine Erfahrung von der Seminararbeit übers Stubai zugute. Das Stubai war in jeder Hinsicht eine gute Schule für mich. Heute würde man das natürlich nicht mehr so machen. Damals war es eben ganz, ganz anders. Ich hab damals jede Alm der Gemeinden Zederhaus, Muhr und St. Michael genau statistisch erfasst, ihre Lage, wie viele Menschen und wie viel Stück Vieh dort oben waren, wie viel Bergheu gemacht wurde und so weiter.

Damals, im Jahr 1939, bin ich bei meinen Almbegehungen fast nur Einheimischen begegnet. Touristen gab es kaum. Einmal bin ich zu einem Hirten gekommen, ziemlich hoch oben, im Gebiet des Speierecks. Auf meine Bemerkung: „Fremde kommen da wohl kaum welche her?" antwortete er „Oh, naa, znagscht vor an etla drui Wochn sein erscht amal zwoa da gwesn." – Das kam diesem Bauer ungeheuer viel vor, dass vor einigen drei Wochen einmal zwei Leute da gewesen waren! Und heute gibt es da die Lifte und was weiß ich alles, es ist eine stark besuchte Gegend. Es ist manchmal fast nicht zu fassen, wie sich das so rasch verändert hat.

Zuerst bin ich immer in den Talgemeinden zum Ortsbauernobmann gegangen, hab mich vorgestellt und erzählt, was ich hier mach. In Muhr und Zederhaus konnte ich auf dem Hof der Bauernobmänner Unterkunft erhalten. Von dort bin ich dann losgezogen auf die Almen. Auf den ganz entlegenen bin ich auch oben geblieben und hab im Heu geschlafen. Einmal, es war noch ziemlich früh im Jahr, bin ich auf eine Alm gekommen, da hatten sie noch kein Heu. Da hab ich halt auf dem brettlebenen Fußboden schlafen müssen, in meinem Wetterfleck – ich hatte so einen Lodenfleck, der hatte keine Ärmel, das war einfach ein

ovaler Loden mit einem Loch in der Mitte, zum Drüberziehen. Das war schon ein hartes Nachtlager da oben.
In Muhr, in einem sehr netten Bauernhaus, hab ich übrigens zum ersten Mal ein Lungauer Rahmkoch bekommen. Das ist eine Spezialität, die es so sonst nirgends gibt. Dort ist das Rahmkoch nämlich fest, anders also als in Tirol, wo man es mit dem Löffel isst, schneidet man es dort mit dem Messer herunter wie einen Brotlaib. Es schmeckt nach Anis und Weinbeeren und ist sehr nahrhaft und wirklich sehr, sehr gut.
In Zederhaus ist es mir anders ergangen. Auch dort wollten sie mir etwas Gutes tun und haben mir eine Schüssel saure Milch hingestellt. Ich esse alles gern, Milch, so viel wie nur möglich. Aber keine saure! Was sollte ich tun? Ich dachte mir: „Wenn ich jetzt sag, das mag ich nicht, dann ist es aus, dann kann ich hier nicht bleiben!“ So hab ich diese saure Milch halt brav hinuntergeschluckt. Später, als wir uns schon gut kannten, habe ich das diesen Bauersleuten erzählt, und wir haben alle herzlich gelacht.

Wie wurden Sie als „Fremde“ oben auf den Almen empfangen? Begegnete Ihnen Misstrauen und Skepsis oder wurde Ihre Offenheit erwidert?

Es ist mir bei den Bauern wirklich immer sehr, sehr gut gegangen. Ich hab nie Schwierigkeiten gehabt oder lange bitten müssen, dass ich dableiben darf oder so etwas. Das hat sich eigentlich immer ganz von selbst ergeben. Ich bin ja nicht hingekommen und hab mich hingesetzt und nur dumm geschaut, sondern ich bin immer auf die Leute zugegangen, hab gefragt, was sie gerade machen, hab mitgeholfen – überall! Ich hab viel bei den Bauern gearbeitet, immer wieder. Durch das gemeinsame Arbeiten kommt man am ehesten mit den Bauersleuten zusammen, es verbindet viel mehr als langes Reden.
Einmal, im Jahr 1948 im Bezirk Hopfgarten, da bin ich im Rahmen von Almerhebungen auf einen Hof gekommen, dessen Alm ich auch aufnehmen musste. Die Leute waren gerade beim Mähen. Ich ging zum Bauern hin, weil ich einiges zur Alm erfragen wollte. Er schaute mich aber gar nicht an, hat weitergemäht und gesagt: „I han koan Derweil nit.“

Dann hab ich versucht, ihm meinen Auftrag zu erklären. Dass die Fragen beantwortet werden müssten, von Amts wegen. Da sagt er: „Solln die Herrn aus der Stadt amol außagehn bei uns arbeiten, nachher wissen s', wie's da isch, dann brauchen's niemanden fragen schicken." – Ich hab geantwortet: „Ja, aber wenn du einmal eine Subvention haben willst, müssen die ja wissen, wie's mit deiner Alm ist." – „I han no nia koa Sumpfention kriagt, i brauch koane", war die prompte Antwort. Die Bäuerin, die bis jetzt immer schön hinter ihm hergemäht hat, ist nun kochen gegangen und hat ihre Sense an einem kleinen Stadel aufgehängt. Da nahm ich die Sense und hab hinter dem Bauern dreingemäht, so, wie sich's gehört. Am Ende des ersten Streifens nahm er wortlos meine Sense, wetzte sie und gab sie mir wieder in die Hand. Dann mähten wir den nächsten Streifen, und so ging's fort, bis wir fertig waren. Dann sagte er: „So, jetzt gehst mit uns z'Mittág essn." Das hab ich natürlich gern getan und auch alles erfahren, was ich wissen wollte.

„Ausgesetzt auf den Bergen des Herzens" – so beginnt ein bekanntes Rilke-Gedicht. Trifft das nicht in gewisser Weise auch auf Sie zu? Haben Sie sich nicht auf Ihren Bergen des Herzens ausgesetzt: der Natur, Wind und Wetter einerseits, aber auch den nicht weniger berechenbaren Reaktionen und Emotionen der Menschen? Gab es da nicht auch Momente der Angst, der Einsamkeit, des Zweifelns und der Erschöpfung?

Nein, Angst hab ich eigentlich nie gehabt. Natur, Wind und Wetter sind mir von den Bergen her sehr vertraut. Sich vom Wind richtig durchblasen zu lassen finde ich ab und zu sogar etwas Herrliches. Gerade bei Schlechtwetter gibt es oft ganz wunderbare Stimmungen.
Mit Tieren allerdings gab's auch manch unangenehme Begegnung. Einmal war ich auf einem Bauernhof am Attersee. Nachts um drei ist ein Mordsgewitter gekommen. Wir sind dann schnell alle noch hinaus und haben das Getreide hereingebracht, bevor es ganz arg wurde. Dabei bin ich in ein Wespennest getreten. Ich hab natürlich einen Rock angehabt, Hosen hat man damals ja nicht getragen. Und da sind mir diese Viecher überall hinauf, das war furchtbar.

Erika Hubatschek im Jahr 1942

Ein anderes Mal, auch am Attersee, haben wir mit den Rössern das Heu oder Getreide eingeführt. Es war gewittrig, und da werden die Bremen dann furchtbar lästig. Ich hatte die Aufgabe, die Bremen von den Rössern zu verjagen, damit die nicht unruhig werden und zuletzt noch der Wagen umkippt. Da sind die Bremen natürlich alle auf mich losgegangen. Das war unangenehm – und heiß dazu. Das war arg!
Mit Stieren gab's auch manchmal ungute Begegnungen auf der Alm. Wenn die Viecher wild wurden, konnte man schon Angst bekommen. Einmal ist sogar ein Bauer von einem Stier aufgespießt worden! Ich hatte einmal eine Begegnung mit einem Stier auf der Landesstieralm im Spertental. Das war im Jahr 1948, als ich im Auftrag der Landwirtschaftskammer die Almen im Unterland begangen hab. Die Wege waren oft weit und so geriet ich abends in die Dunkelheit. Ich war schon ziemlich müd, wie ich im Finstern so über den weiten Talboden der Landesstieralm dahingetrottet bin. Auf einmal brüllte direkt neben mir ein Stier. Da bin ich furchtbar erschrocken und wollte ausweichen. Doch plötzlich fingen noch andere Stiere an zu brüllen. Mitten in einer Stierherde bin ich drin gewesen! Ich wollte nichts wie weg, bin aber in einen Morast hineingeraten und kaum mehr weitergekommen. Irgendwie hab ich's dann doch noch geschafft, hinters Gatter zu kommen, da hab ich mich dann in meinem lodenen Wetterfleck eingewickelt und unter einen Baum gelegt, um zu warten, bis es Tag wird. Es dauerte aber nicht lange, da fing es an zu regnen. So bin ich halt doch

lieber bis zur letzten Alm zurückgegangen. Als die mich sahen, haben sie natürlich gelacht und gemeint, das Nachtquartier bei ihnen hätte ich leichter haben können. Das war mein Stierabenteuer.

Es gab für Sie als junge Frau nie unangenehme Begegnungen?

Nein, eigentlich nicht. Ich hab nie in meinem ganzen Leben irgendwo Unfreundlichkeit auf einem Bauernhof erlebt. Wirklich nie! – Einmal allerdings, das muss so in den fünfziger Jahren gewesen sein, da trieb sich „der Zingerle", ein Mörder, der im Gebiet des Patscherkofels eine Frau umgebracht hatte, in Tirol herum. Ich musste damals die Almen im Rofan erfassen. Dort liegen viele Almen in den Bundesforsten, es sind sogenannte Servitutsalmen, auf denen die Bauern das Recht haben, ihr Vieh im Staatswald weiden zu lassen. Man muss dort also die meiste Zeit durch ziemlich dichte Wälder gehen, es gibt nur wenige kleine Lichtungen. Genau zu der Zeit, als ich dort unterwegs war, hieß es, „der Zingerle" geht um. Unten im Tal haben sie mich gewarnt, ich soll doch nicht da hinaufgehen, wo doch „der Zingerle" jetzt da sei. Aber ich musste ja gehen. Dann rieten sie mir, ich solle mir eine Schusswaffe mitnehmen. „Damit kann ich nicht umgehen", sagte ich, „und wenn er sie mir dann entreißt, dann ist es ja noch gefährlicher für mich." Schließlich haben sie mir ein Pfeffersackl mitgegeben, damit ich „dem Zingerle", wenn er kommt, Pfeffer in die Augen streuen kann. Aber ich hab ihn gottlob nicht zu Gesicht bekommen!

In Ihrem ersten Lungauer Sommer steht Europa am Rande des Zweiten Weltkriegs. Das Deutsche Reich greift Polen an, damit steht auch Österreich faktisch im Krieg. Können Sie sich an die politischen Ereignisse jener Zeit noch erinnern?

Ich weiß noch genau die Stelle, wo ich damals gewesen bin, als der Krieg begann. Wir sind mit dem Fahrrad über Schwaz nach Jenbach gefahren und dann weiter den Kasbach hinauf, um ins Rofan zu gehen, das ich besonders liebe. Als ich gerade mein Radl durch Jenbach hinaufschob, hörte ich aus einem Fenster heraus die Radionachricht, dass der Krieg ausgebrochen sei. Das war am 1. September 1939. Ich kann mich heute noch genau an die Stelle erinnern, wo ich das gehört habe. Es traf mich wie ein Schlag.

Inwiefern hat der Krieg Ihre Feldforschungen und den weiteren Gang Ihrer Dissertation beeinträchtigt?

Unmittelbar nach Kriegsbeginn waren für ein Trimester nur die Universitäten Wien, Berlin und München offen, alle anderen waren geschlossen. Deshalb musste ich für ein Trimester in München inskribieren. Dann hab ich meine Dissertation und die Lehramtsprüfungen für Geografie und Leibesübungen hier in Innsbruck möglichst rasch fertig gemacht. Das Doktordiplom hab ich im Jahr 1940 bekommen. Da gab es keine feierliche Überreichung in der Aula wie sonst üblich, es war ja Krieg. Man ist zum Pedell gegangen, der hat gesagt „macht drei Mark fuffzig" – und dann gab er einem das Doktordiplom. Das war alles. Damals gehörte die Geografie übrigens noch zu den Geisteswissenschaften, mittlerweile ist sie den Naturwissenschaften eingegliedert worden.
1940/41 absolvierte ich das Probejahr fürs Lehramt an höheren Schulen am Gymnasium Sillgasse, wo ich dann auch 38 Jahre lang unterrichtet habe. Am Ende des Probejahres musste man die Abschlussprüfung machen, dazu musste ich nach Graz fahren.
Wir mussten zwei Lehrauftritte absolvieren, einen für jedes Fach, Geografie und Turnen. Schließlich gab es noch eine Pädagogik- und Psychologieprüfung vor einer 16-köpfigen Kommission aus Berlin. Das war wirklich meine schwierigste Prüfung! Damit war ich dann Studienassessor und konnte normal angestellt werden. Doch meine Feldforschungen bei den Bergbauern hab ich auch danach noch weitergemacht. Darauf wollte ich nicht verzichten. Für mich gehört es einfach zum Schönsten, sich ein Land zu erwandern und dabei seine Leute kennenzulernen.

ZWISCHEN BERUF UND BERUFUNG: LEHRERIN UND BOTSCHAFTERIN DER BERGBAUERNKULTUR

„Keine Stunde möchte ich missen, die ich bei den Bergbauern gewesen bin"

1940 traten Sie Ihre Stelle als Lehrerin für Geografie und Leibesübungen in Innsbruck an. Während Sie sich in Ihrem neuen Beruf etablierten, zog der Krieg immer tiefere Spuren der Verwüstung durch Europa. Wie haben Sie selbst die Kriegszeit hier in Innsbruck erlebt?

Ich habe 38 Jahre lang am Gymnasium und Realgymnasium Sillgasse unterrichtet, aber eigenartigerweise weder in meinem ersten noch in meinem letzten Schuljahr in der Sillgasse. 1940, in meinem ersten Jahr, war das Gebäude in der Sillgasse nämlich zunächst ein Lazarett, nachher eine Post und was weiß ich alles. Wir konnten jedenfalls nicht hinein, und so war die Schule damals in der heutigen Leopoldschule an der Ecke Michael-Gaismayr-Straße/Leopoldstraße untergebracht. Das letzte Dienstjahr hab ich wiederum in der Michael-Gaismayr-Straße zugebracht, weil die Schule in der Sillgasse umgebaut wurde. In den Kriegsjahren ging der Schulbetrieb weitgehend normal weiter. Für mich war's jedenfalls normal, ich hab's als Lehrerin ja nicht anders gekannt. Der Krieg war Alltag geworden.

Gleinser Kreuz gegen die Serles,
Stubai, Tirol (1953)

Hat Ihnen die politische Entwicklung Angst gemacht? Oder glaubte man daran, dass die Geschichte für das Deutsche Reich gut ausgehen würde?

Angst hab ich in diesen Jahren keine gehabt. Eigentlich hat man schon dran geglaubt, dass alles gut ausgehen wird. Das sind alles Dinge, die man damals einfach ganz anders gesehen hat als heute, und es ist der Nachkriegsgeneration sehr schwer zu vermitteln, wie man damals wirklich empfunden und den Alltag erlebt hatte.

Gerade vor ein paar Tagen fiel mir einer der wenigen Briefe meines Vaters wieder in die Hände, vom 8. April 1945, in dem er mir und meiner Schwester Gertraud eine Art persönlichen Lagebericht aus Bruck an der Mur gab. Er erzählt darin von einem Frühlingsspaziergang mit meiner Mutter, den die beiden offenbar sehr genossen haben, obwohl er von den feindlichen Fliegern am Himmel überschattet war. Wenn mein Vater in diesem Zusammenhang schreibt, „aber das neu erwachende Leben machte den tieferen Eindruck“, ist das eine Empfindung, die ich gut verstehe und die ich mit ihm teilen kann.

Obwohl die Lage im Frühling 1945 schon mehr als ernst war und die Bolschewiken bereits auf Graz vorrückten, besaß er selbst noch viel Gleichmut, Humor und Vertrauen in eine höhere Gewalt. So zitierte er in seinem Brief aus Wilhelm Buschs Gedicht „Es sitzt ein Vogel auf dem Leim“:

Es sitzt ein Vogel auf dem Leim,
Er flattert sehr und kann nicht heim.
Ein schwarzer Kater schleicht herzu,
Die Krallen scharf, die Augen gluh.
Am Baum hinauf und immer höher
Kommt er dem armen Vogel näher.

Der Vogel denkt: Weil das so ist
Und weil mich doch der Kater frißt,
So will ich keine Zeit verlieren,
Will noch ein wenig quinquilieren
Und lustig pfeifen wie zuvor.
Der Vogel, scheint mir, hat Humor.

Können Sie sich an Angriffe auf Innsbruck erinnern?

Sehr gut sogar. Während des ersten Luftangriffs auf Innsbruck (im Dezember 1943) war ich gerade im Stubai Schi fahren. Man hat ja nicht geahnt, dass so etwas passieren könnte. Ich war allein am Wilden Hinterbergl, einem wunderschönen Schitourengipfel. Es war ein herrlicher Tag, und plötzlich sind lauter Flugzeuge dahergekommen, sie glitzerten nur so in der Sonne. Zunächst hab ich mir dabei nichts Böses gedacht, in der Annahme, es werden schon unsere Flieger sein. Als ich dann zurückkam zum Bahnhof Fulpmes, ist es dort zugegangen wie in einem Bienenschwarm. Ich hab überhaupt nicht begriffen, was los war, was diese ganze Aufregung sollte. Bis ich dann erfuhr, dass Innsbruck angegriffen worden war, zum ersten Mal! Draußen bei mir in der Hörtnaglsiedlung wird schon nichts passiert sein, hab ich noch gehofft, bis ich hörte, wie jemand erzählte, dass bei der Mittenwaldbahn die Bomben gefallen seien. Da bin ich dann schon mit einem recht mulmigen Gefühl nach Hause gefahren. – Bei uns waren aber nur die Fensterscheiben kaputt, sonst war alles in Ordnung.

Hatten Sie in dieser Zeit Kontakt zu Ihrem Bruder Walter?

Mein Bruder Walter war nach der Kriegsmatura im Jahr 1942 kurze Zeit in Innsbruck bei den Gebirgsjägern eingerückt, da machten wir einige kleinere Touren zusammen, ehe er dann an die Eismeerfront kam. Später musste er an die Front in den Osten, wo er 1944 bei Lemberg gefallen ist.

Im letzten Kriegsjahr …

Ja, da war er gerade 20 Jahre alt. Das hat uns alle natürlich sehr schwer getroffen. Ganz besonders meinen Vater. Lange Zeit hat er uns gar nicht gesagt, dass Walter gefallen war, sondern diese Nachricht ganz allein mit sich herumgetragen. Das hat furchtbar an ihm genagt. Das war das Erste, was ihm einen schweren Schlag versetzt hat. Und dann sind die

Die Eltern Karl und Martha mit dem Bruder Walter im Stubai (1943)

Russen gekommen. Als die Lage in Bruck an der Mur aussichtslos wurde, ist meine Mutter hierher nach Innsbruck gekommen. Erst hat sie in Kreith bei einem Bauern gewohnt, in einem unheizbaren Zimmer, dann bei mir.

Mein Vater aber wollte nicht weggehen, unter keinen Umständen, er wollte bei seiner Gemeinde bleiben, was auch kommen würde. Als die Russen dann da waren, ist er doch geflohen, weil er einsehen musste, dass nichts mehr zu machen war. Aber er kam nicht bis zu uns nach Innsbruck durch, weil dazwischen die Demarkationslinie zwischen Franzosen und Amerikanern war. Im Brixental ist er nicht mehr weitergekommen. Dort musste er bleiben. Es herrschte ein ziemliches Chaos durch die endlosen Wagenkolonnen der Flüchtlingstrecks. Es gab ja die wildesten Gerüchte über den Vormarsch der Bolschewiken. Ein Bauer nahm meinen Vater schließlich auf, unter der Bedingung, dass er mitarbeitet.

Mein Vater hat die Bauernarbeit – genau wie ich – eigentlich gern gemacht. Aber diese schwere Holzarbeit, die er nun verrichten musste, die war er nicht gewohnt. Das hat er nicht verkraftet, zumal er körperlich schon in schlechter Verfassung war. Es muss eine sehr, sehr harte Zeit für ihn gewesen sein.
Damals wussten wir nicht einmal, wo er überhaupt war. Es gab ja zunächst keine Möglichkeit, auch nur irgendeine Nachricht aus der französischen in die amerikanische Zone zu bringen. Als wir dann endlich erfuhren, wo er sich aufhielt, und man auch wieder zwischen den Zonen hin und her reisen konnte, sind meine Schwester und ich gleich zu ihm hingefahren. Da war er aber schon so schwach, dass er nicht einmal mehr über die Stiege hinaufgehen konnte. Wir nahmen ihn sofort mit und brachten ihn ins Krankenhaus. Er hatte ein schweres Herzleiden. In dem nach Telfes im Stubai verlegten Sanatorium der Kreuzschwestern erholte er sich dann so weit, dass er mit gewissen Einschränkungen wieder ein normales Leben führen konnte. Aber der Arzt sagte uns, dass es schnell mit ihm zu Ende gehen könnte.
Meine Eltern quartierten sich dann in Tulfes in einem Gasthaus ein, dort haben meine Schwester und ich die beiden oft besucht. Eines Tages, am 6. Oktober 1945 verstarb mein Vater mit 63 Jahren.

Wie haben Sie das Kriegsende hier in Innsbruck erlebt?

Im Frühjahr 1945 hab ich zusammen mit meiner Mutter in der Rosengartenstraße gewohnt. Es war eine Wohnung in einem Dreifamilienhaus, aber die anderen Leute waren alle schon weg, die sind irgendwo raus aufs Land. Da haben sie uns die Wohnung überlassen.
Der Luftschutzkeller war unten in der Höttinger Au. Da ging nur ein steiles Steigl hin, halsbrecherisch fast. Wenn die Sirene heulte und den nächsten Bombenangriff ankündigte, musste man halt hinunter. Ich hab das allerdings nachts oft gar nicht bemerkt, ich hatte schon immer einen guten Schlaf. Wenn ich dann am nächsten Tag auf die Uni kam und alle jammerten, dass sie wieder die ganze Nacht im Luftschutzkeller verbracht hätten, hab ich mich gewundert, weil ich davon gar nichts

mitbekommen hatte. Im Mai 1945 war rundherum schon Kanonendonner zu hören, dann sind die Amerikaner gekommen. Wir dachten eigentlich, bis zu uns herauf auf den Berg werden sie schon nicht vorrücken. Auf einmal, so gegen Mitternacht, läutete es Sturm an der Glocke. Wir haben uns nicht gerührt, da wurde die Tür einfach eingetreten. Ich bin durchgegangen ins Nachbarhaus, meine Mutter ist zunächst geblieben, später aber nachgekommen. Sie hatten sich also genau das Haus ausgesucht, in dem wir wohnten! Am nächsten Tag durften wir zwar unsere Sachen holen, aber wir mussten das Haus verlassen. Sechs Wochen habe ich dann bei Bekannten im Keller gelebt. Eine feine Zeit war das nicht, aber irgendwie ist es auch gegangen.

Wie ist es Ihnen in der Schule als Lehrerin ergangen? Hat Ihnen das Unterrichten Freude gemacht?

Ich war immer sehr gerne Lehrerin und bin mit den Schülerinnen und Kolleginnen und Kollegen gut ausgekommen. Disziplinschwierigkeiten, wie man das heute oft hört, kannte ich eigentlich nicht. Es waren halt auch noch andere Zeiten.

Obwohl ich sagen muss, dass doch viele Außenstehende den Beruf falsch einschätzen und in erster Linie die langen Ferien sehen. Die sind in der Regel wirklich hart verdient! Gerade in der Mittelschule sind die Kinder ja auch in einem schwierigen Alter. Da gibt es schon welche, die den Lehrer sekkieren wollen, anderen fällt das Lernen plötzlich schwer. Auf all das zu achten, jede Schülerin im Blick zu haben, die Disziplin zu wahren, ihre Kenntnisse zu mehren und sie zu selbstständigem Denken und Arbeiten anzuregen, das ist nicht einfach und nimmt einen manchmal nervlich ganz schön her.

Zu manchen meiner ehemaligen Schülerinnen habe ich heute noch Kontakt, mit einigen bin ich sogar wirklich befreundet. Oft begegnen mir welche in der Stadt, dann begrüßen wir uns. Auch Matura-Wiedersehensfeiern nach vielen Jahrzehnten sind immer nett und fröhlich. Durch die vielen Exkursionen auf Almen, die ich auch immer wieder mit Klassen gemacht habe, und vor allem durch die jährlichen Schul-

schikurse habe ich mit meinen Schülerinnen immer wieder viel Schönes erlebt, das uns wirklich verbunden hat.
Ich hab ja immer Schitouren mit ihnen gemacht. Manche waren ganz begeistert davon, andere haben gemeutert, wie das halt so ist. Meistens waren wir auf der Oberlandhütte im Spertental (Kitzbüheler Alpen) untergebracht, die mir Wastl Mariner für Schikurse sehr empfohlen hatte. Ein herrliches Tourengebiet, dort konnte man jeden Tag einen anderen Gipfel machen!

Mit der ganzen Klasse eine Woche lang auf Schitour zu gehen, das würden heute wahrscheinlich nur wenige Lehrer wagen. Der Umgang mit dem Risiko, mit der Verantwortung, ist ein anderer geworden.

Damals fragte niemand danach. Das haben wir einfach gemacht. Nicht nur ich, auch manche Kollegin. Zusammen mit elf anderen Frauen machte ich Anfang der vierziger Jahre einen Kurs vom Alpenverein für Winterfahrtenleiterinnen. Ich glaube, dieser Kurs – speziell für Frauen – war überhaupt der erste in seiner Art. Wir hatten also schon eine Ausbildung im Tourenführen, in Lawinenkunde, Erster Hilfe und all dem. Die Schulschikurse waren immer schöne Erlebnisse für alle Beteiligten, und es ist eigentlich auch nie etwas passiert. Nur einmal hat sich ein Mädchen ein Bein gebrochen. Ich selbst hab mir in all den Jahren – und ich bin seit dem Jahr 1928 Schi gefahren – nie etwas gebrochen.

Haben Sie Ihre Schitourenbegeisterung auch in den schwierigen Nachkriegsjahren ungebremst ausleben können?

Na ja, das hat man sich schon sehr schwer erkämpfen müssen, so einfach wie heute war es damals nicht. Einmal bin ich mit einer Kollegin, auch einer Turnlehrerin, am 1. Mai von Innsbruck, mit Schiern und Rucksack bepackt, ins Sellrain geradelt. In Gries haben wir dann die Räder gelassen und sind zu Fuß ins Kühtai aufgestiegen. Am selben Tag ging's noch über die Finstertaler Scharte hinüber zur Gubener Hütte. Der Hüttenwirt hat uns recht erstaunt angeschaut, als wir abends um

Almkreuz bei Serfaus, Tirol (1947)

halb elf im Mondschein dahergekommen sind. Am nächsten Tag sind wir auf den Breiten Grieskogel. Und am übernächsten Tag natürlich wieder zurück nach Innsbruck, auf demselben Weg.

Das ist allerdings eine Mammuttour, bei der ich schon Muskelkater bekomme, wenn ich sie nur mit dem Finger auf der Landkarte nachwandere. Da wundert es mich nicht, dass Sie so beharrlich und ausdauernd sind.

Ja, dadurch hab ich schon eine sehr gute Kondition gehabt. Davon zehr ich heute noch. Ich kann mich gut erinnern, einmal – das war im Jahr 1946 –, da bin ich mit dem Zug nach Ötztal-Bahnhof gefahren und zu Fuß nach Umhausen gegangen, von Umhausen hinauf nach Niederthai und bis auf die Larstigalm. Alles zu Fuß, mit Schi und Rucksack. Dort habe ich mich mit zwei Grazer Bekannten getroffen. Von der Larstigalm aus haben wir ein paar Touren gemacht. Dann sind wir weiter zur Winnebachseehütte und am nächsten Tag durch eine ziemlich steile Rinne direkt auf den Gipfel des Längentaler Weißenkogels.

Das Wetter sah anfangs nicht sehr gut aus, aber wir sind trotzdem losgegangen. Als wir oben waren, da hat es aufgerissen – es war ein Traumtag und ein Schnee, den hab ich heute noch in Erinnerung. Wir waren alle drei recht gute Schifahrer, und die Abfahrt hinab vom Längentaler, über diese weiten Hänge, das war einfach herrlich.

Vom Westfalenhaus sind Leute aufgestiegen, die haben uns abfahren gesehen. Wir saßen noch im Westfalenhaus, wie sie selbst wieder zurückgekommen sind. Da erzählten sie, sie hätten drei Leute beobachtet, lauter tolle Schifahrer, die vom Längentaler abgefahren sind. Eine Aufstiegsspur sei aber nirgends zu sehen gewesen. Wo die wohl hergekommen seien? – Wir haben natürlich nichts gesagt, uns aber köstlich amüsiert.

Am nächsten Tag sind wir dann über den Winnebacher Weißenkogel zur Rosskarscharte und ins Gleirschtal hinunter. Das war sehr steil, und es war so eisig, dass man sich oben kaum die Schier anschnallen konnte. Da war ich ehrlich froh, als ich heil wieder unten war.

Was gehört denn mit zu Ihren eindrucksvollsten Bergerlebnissen?

Eine besondere Erscheinung, die ich zweimal erlebt habe, ist das sogenannte Brockengespenst, eine recht seltene Art von Gipfelerlebnis. Wenn es neblig ist und die Sonne tief steht, dann kann es vorkommen, dass man – wenn man auf einem Gipfel oben steht – auf einmal seinen eigenen Schatten in einem geschlossenen Regenbogenkreis sieht. Und dieses „Gespenst" macht jede Bewegung, die man selber macht, mit. Ich habe das einmal sehr spät im Herbst auf dem Gipfel der Kirchdachspitze erlebt und ein zweites Mal noch auf der Reither Spitze. Mein Brockengespenst von der Kirchdachspitze hat damals über das ganze Pinnistal hinübergereicht bis zum Elfer! Das war schon sehr eindrucksvoll, sogar recht gespenstisch. Der Name „Brockengespenst" kommt vom Brocken, der höchsten Erhebung des Harz, wo man dieses Phänomen öfter beobachtet hat.

Sie haben in den vierziger Jahren neben Ihrer Lehrtätigkeit weiterhin viel Zeit bei „Ihren" Bergbauern verbracht. Hat sich für Ihre wissenschaftliche Arbeit auf den Almen und bei den Bergbauern durch den Krieg etwas verändert?

Auf vielen Höfen waren die Männer und Söhne eingezogen, da mussten dann die Frauen, auch die Kinder und Alten, sehr viel leisten. Da war jede helfende Hand – eben auch meine – gern gesehen. Ich war weiterhin viel mit dem Fahrrad unterwegs, egal ob im Tuxer Tal, in Going, im Stubai oder Sellrain. Das Fahrrad war damals mein Hauptverkehrsmittel. Gerade zum Schauen und Fotografieren war das natürlich ideal. Beim Autofahren huscht ja alles so schnell vorbei. Mit dem Rad konnte ich jederzeit stehen bleiben, zum Reden und Fotografieren. So sind mir einige meiner schönsten Aufnahmen gelungen, zum Beispiel die von der Gänseliesl im Schmirntal. Sie ist mir damals zufällig entgegengekommen, und da hab ich sie halt fotografiert, ohne sie zu kennen.

Daraus ist später eine sehr nette Begegnung erwachsen: Von diesem Bild habe ich nämlich viele, viele Jahre später im Zusammenhang mit

einer Ausstellung Postkarten machen lassen, die auch in einer Innsbrucker Buchhandlung erhältlich sind. Vor ein paar Jahren rief mich der Abteilungsleiter dieser Buchhandlung an und sagte: „Stellen Sie sich vor, heute war die Gänseliesl bei mir." – Ich hab mich im ersten Moment überhaupt nicht ausgekannt. „Wer war bitte bei Ihnen?" – „Ja, die Gänseliesl, die von der Postkarte." – Da hat sich herausgestellt, dass eine Frau aus dem Schmirntal in die Buchhandlung gekommen war und genau diese Karte verlangt hat. Leider war sie gerade ausverkauft, was die Kundin sehr bedauerte, denn sie wollte mit diesem Bild aus ihrer eigenen Kindheit ihre Gäste zum 70. Geburtstag einladen. Sie hat dann die gesuchte Karte noch rechtzeitig bekommen, und ich habe nach gut sechzig Jahren „meine" Gänseliesl kennengelernt und sie zusammen mit meiner Tochter im Schmirntal besucht.

Zurück zu den Kriegsjahren. Sind Sie auch in jener Zeit viel draußen herumgekommen?

Im Jahr 1941 war ich sogar einmal vier, fünf Wochen in Südtirol, weil ich nach meiner Arbeit über das Stubaital und den Lungau gern auch die Arbeit auf den Südtiroler Bergmähdern kennenlernen wollte. Nach Südtirol zu kommen war ja in dieser Zeit nicht so ganz einfach, zumal ich kein Italienisch konnte. Ich war dann längere Zeit in Gröden und habe die Bergmahd auf der Seiser Alm miterlebt, anschließend bin ich noch ins Passeiertal gefahren. Die Praxis auf diesen Südtiroler Bergmähdern habe ich dann ausführlich in einem Beitrag in der Festschrift für Raimund Klebelsberg beschrieben. Während dieser Zeit in Südtirol ist mir häufig ein ganz besonderer Gruß aufgefallen, an den ich mich bis heute gern erinnere. Statt des gewohnten „Grüaß di" haben die Leute jemand Vorübergehenden mit „Zeit lassn" begrüßt. Ein alter Südtiroler aus dem Vinschgau erzählte mir, dass auch dort dieser Gruß oft verwendet wurde. – Vielleicht sollte man ihn ja auch heute wieder öfter gebrauchen.

Die Gänseliesl im Schmirntal, Tirol (1942)

Mit welchen Gegenden und Höfen fühlen Sie sich eigentlich besonders verbunden?

Es waren eigentlich vier Höfe: der Buacher und der Ebner in Neustift im Stubai, wo ich sehr viel Wertvolles für mein Buch „Bergbauern im Stubai“ erfahren konnte; der Löber in Juns im Tuxer Tal mit den sieben Löber-Schwestern, denen ich mich ganz besonders verbunden fühle und wo mir einige meiner wichtigsten Fotografien gelungen sind; und der Helfer in Going. – Zu diesen Höfen bin ich immer wieder hingekommen, dort habe ich wirklich dazugehört. „Die Erika kimmt“, haben die Helfer-Kinder geschrien und sind mir entgegengelaufen, sobald sie mich mit meinem Radl kommen sahen. Das war immer recht lustig. Die Mutter meinte, sie hätte ihre Kinder nie so schnell laufen sehen, wie wenn ich gekommen bin. Es waren zehn Kinder auf diesem Hof in Going, ich hab ihnen oft Geschichten erzählt und vorgelesen. Es war ein wunderschöner Hof, auch innen alles handgeschnitzt.
Einmal schlief ich in einem Bauernhaus im Zimmer einer der älteren Töchter. Plötzlich bin ich nachts aufgewacht, weil mir vorkam, dass jemand in der Kammer sei. Und wirklich! Da hab ich schnell gesagt: „Die Moid schloaft heut woanders.“ Daraufhin lachte jemand und verschwand wieder durchs Fenster. Am nächsten Morgen nahm mich die Moid beiseite: „Derfst der Mam aber nit sag'n, dass das Eisenstangl beim Fenster außageht – versprich's!“

Ich würde gern noch einmal auf die Kriegszeit zurückkommen, weil wir „Nachgeborenen“ davon unmittelbar nichts wissen. Wenn so viele Männer eingezogen waren, wurden dann auf den Bauernhöfen auch Kriegsgefangene zum Helfen eingesetzt?

Es waren teilweise schon Ausländer auf den Bauernhöfen, die sind aber immer sehr, sehr gut behandelt worden. Ich glaube, die haben wirklich zur Familie gehört. Manche von ihnen sind ja auch lang nach dem Krieg wieder zurückgekommen und haben diese Höfe besucht. Natürlich arbeiteten schon vor dem Krieg Fremde auf den Höfen, also Leute, die nicht zur Bauernfamilie gehörten. Je nach der Größe der Höfe gab es oft sehr viele Dienstboten. Das waren oft die Weichenden, also die Söhne, die den Hof nicht übernehmen konnten und anderswo ihr Auslangen finden mussten. Manchmal, wenn die Eltern noch sehr rüstig waren, ging auch der zukünftige Bauer zunächst für einige Zeit als Knecht auf einen andern Hof. Auch die Mädchen haben oft als Magd bei anderen Bauern gearbeitet. Das war eigentlich fast die einzige Möglichkeit, sein Auskommen zu finden.

In manchen literarischen Zeugnissen, Kindheitserinnerungen etwa, begegnet man im bäuerlichen Alltag auch vielem, was finster erscheint und erschreckt: Armut, Aberglauben, Mangel, nicht nur materiell, sondern auch an persönlichen Entfaltungsmöglichkeiten, psychische und physische Rohheit, gerade Frauen gegenüber. Ist Ihnen dergleichen nie begegnet?

Etwas wirklich Schlechtes – dass jemand schlecht behandelt worden ist oder dass ich schlecht behandelt worden wäre – nein, das ist mir nie passiert. Wirklich nie! Vielleicht bin ich ein Glücksmensch. Ich glaube, dass da vieles hochgespielt wird. Wie überhaupt auch in der Kunst sehr oft das Negative, das Schreckliche und Böse dargestellt wird. Ich finde, die Künstler sollten den Leuten Freude und Mut machen und das Gute zeigen, nicht nur das Schlechte, Niederdrückende. „Fröhlichkeit ist nicht die Flucht vor der Traurigkeit, sondern der Sieg über sie" – das ist ein Gedanke, der mich durch mein Leben begleitet hat.

Glauben Sie nicht, dass manch ein junger Mensch unter einer gewissen Enge dieses vorgezeichneten Lebensweges gelitten hat?

Ja, das gab es schon. Mir fällt da zum Beispiel Franz Josef Gstrein ein, ein Bauer aus Ötz, der den Lehrern auffiel, sodass sie seinem Vater geraten haben, er soll ihn studieren lassen. Der Vater beharrte aber darauf, dass er den Hof übernehmen müsse. Sein jüngerer Bruder durfte Medizin studieren und war viele Jahre lang Sprengelarzt in Salzburg.

Franz Josef (geb. 1885) hat dann später auf Anregung von Hermann Wopfner im Jahr 1932 ein kleines Buch geschrieben „Die Bauernarbeit im Ötztal einst und jetzt", in dem er alle Arbeiten so lebendig geschildert hat, dass man beim Lesen meint, mit dabei gewesen zu sein. Er hat außerdem alle damals verwendeten Geräte fein säuberlich gezeichnet und mit Namen versehen. Das Büchlein war in Vergessenheit geraten, ist aber jetzt als erweiterte Neuauflage in meinem Verlag wieder erhältlich.
Auch Mädchen weiß ich mehrere, die so gerne etwas gelernt hätten, es aber nicht erreichen konnten, von den Eltern her. Gerade eine aus dem Tuxer Tal, die „Tal Nanne", die ich gut kenne, hatte schon das Gefühl, dass sie da zu kurz gekommen sei. „Ja, mich haben sie überhaupt nichts lernen lassen, gar nichts lernen lassen! Ich musste mit dem Vater in den Stall marschieren, und ich hätte doch so gern kochen gelernt."
Noch eine andere fällt mir ein, die Cilli aus Muhr im Zederhaustal. Der wäre es auch ganz gleich gewesen, auf was sie alles hätte verzichten müssen, wenn sie nur etwas hätte lernen können. Sie hatte eine richtige Sehnsucht danach. Aber der Vater wollte vom Schulegehen halt nichts wissen.

Gegen Ende der vierziger Jahre haben Sie im Auftrag der Landwirtschaftskammer weitere Almerhebungen im Tiroler Unterland gemacht. In den fünfziger Jahren folgten Vortragsreisen, später auch Lehraufträge im Auftrag der Landwirtschaftskammer und an der Universität. Wie kam es dazu?

Im Sommer 1948 erhob ich im Auftrag der Landwirtschaftskammer für den Gerichtsbezirk Hopfgarten die Almstatistik. Ich bekam von jeder Alm einen Lageplan, dazu die Auszüge aus dem Grundbuch und ähnliche Unterlagen. All diese Dinge, die sehr hilfreich waren, hatte ich bei meiner Doktorarbeit im Lungau ja noch nicht gehabt.

Bergbauernfamilie im Lesachtal, Kärnten (1959)

Damals in der Nachkriegszeit war es teilweise schwierig, Brot oder Ähnliches auf den Almen zu bekommen. Ich hab mir dann immer Haferflocken mit Zucker und Butter geröstet und das in einer Schachtel mitgenommen. Die Milch dazu hab ich dann auf der Alm bekommen. So bin ich die ganze Woche von einer Alm zur andern und hab meine Erhebungen gemacht.

Von dieser Arbeit her war mein Name in der Landwirtschaftskammer schon bekannt. Dort hingen im Stiegenhaus auch einige Aufnahmen von mir. Als dann 1949 der jährliche Kongress vom Verband der Europäischen Landwirtschaft (CEA) in Innsbruck stattfand – er wird jedes Jahr in einem anderen europäischen Staat abgehalten –, bat mich der damalige Kammeramtsdirektor Nationalrat Dr. Franz Lechner, dort einen Vortrag zu halten. „Unmöglich", dachte ich mir zunächst, „ich kann doch keinen Vortrag halten!"

Die Kongresssprache war außerdem noch Französisch. Ich hab mich gewehrt, aber er redete mir so lange zu, bis ich schließlich eingewilligt habe. „Es geht ja um Ihre Bergbauern!", meinte er. Dann hab ich also diesen Vortrag gehalten. Als Simultanübersetzer unterstützte mich ein Agraringenieur aus dem Wallis, die Walliser sind ja zweisprachig. Der kannte natürlich auch alle Fachausdrücke, vom Heustadl bis hin zur Triste und zum Schober. Ich wiederum hab recht gut Französisch verstanden, und so ist der ganze Vortrag Schlag auf Schlag gegangen. Meine Bilder hab ich natürlich auch gezeigt.

Es hat den Leuten gefallen. So gut jedenfalls, dass ich direkt im Anschluss an den Vortrag von den Schweizern eine Einladung für zehn weitere Vorträge in die Schweiz bekam. Das war also der Beginn meiner Vortragstätigkeit.

Bei einem dieser Vorträge in der Schweiz wiederum war auch ein Zuhörer aus Deutschland dabei. Der fragte mich, ob ich nicht auch einmal beim Deutschen Alpenverein in Deutschland einen Vortrag halten könnte. Und so ist es dann weitergegangen. In den fünfziger Jahren hatte ich sehr ausgedehnte Vortragsreisen in viele größere Städte Nord- und Westdeutschlands. Das Interesse an den Bergbauern war damals auch in Deutschland groß.

Wie konnten Sie diese Vortragsreisen mit Ihrer Tätigkeit an der Schule vereinbaren? Wie gelang der Spagat zwischen Beruf und Berufung?

Das war schon eine gewisse Schwierigkeit. Ich bin für die Zeit der Vortragsreisen beurlaubt worden und hatte eine Vertretung, die vom Alpenverein finanziert wurde. Von den Kollegen wurde das nicht immer

Die Neue Ruhr-Zeitung berichtet am 29. März 1956 über einen Vortrag von Dr. Erika Hubatschek

Tiroler jodeln nicht nur

Eine Einheit von Mensch und Landschaft

Mülheim. Wer von einer Urlaubsreise in die Bergwelt Tirols, dieser anziehenden Landschaft mit seinen charaktervollen Menschen, mehr haben will, als einen Eindruck von äußeren Dingen, war gut aufgehoben bei Dr. Erika Hubatschek aus Innsbruck, die im Rahmen der Kulturveranstaltungen zu einer Wanderung zu Tirols Bergbauern einlud und anregend von deren Leben und Werken plauderte. Die ausgezeichneten Fotos — teils farbig — wurden durch die erklärenden Worte und die sinnvolle Reihenfolge so lebendig, daß man sich in die Landschaft versetzt fühlte.

Die falsche Vorstellung, als ob es in den Tiroler Bergen nur Menschen gebe, die beständig singen und jodeln, mußte schnell abgelegt werden. In dieser herrlichen Landschaft mit ihrem Reichtum an Formen und Farben gibt es eine harte Welt der Arbeit. Eine festgefügte Ordnung gibt dem Leben der Tiroler Bergbauern ihren Rhythmus, der vorwiegend von Landschaft und Klima bestimmt ist. Aus dieser Welt erwächst dem Menschen eine tiefe Lebensweisheit, aber auch Kraft und Geschicklichkeit, die ihn von der frühesten Jugend bis in das hohe Alter mit seiner Heimat tief verbindet.

Sind schon die Kinder wichtige Glieder im Arbeitsleben der Bergbauern, so legen die Alten die Arbeit erst aus den Händen, wenn der Schnitter Tod sie aus dieser Welt abruft. Nur langsam werden die alten Kulturformen des Ackerbaues, die oft an ein Museum erinnern, von technischen Neuerungen abgelöst. Der Bergbauer, der Jahr um Jahr seine kostbare Ackerkrume in der Kiepe wieder nach „oben" schafft, kann mit Recht im Alter sagen, daß er seinen ganzen Acker schon einmal auf dem Rücken trug.

Der Jahreslauf des Tiroler Bergbauern bringt trotz des langen Winters wenig Ruhe. Der karge Boden und das unwirtliche Klima machen seinen Betrieb nicht wirtschaftlicher. Ist es da verwunderlich, wenn bares Geld knapp ist und er sich in vielerlei Künsten als geschickter Handwerker zeigen muß?

Die ganze innere Kraft dieser Menschen erahnt man erst, wenn wir sehen, mit welcher Liebe sie ihre Häuser schmücken und ihre Feste feiern. Die wichtigste Aufgabe, die dem Bergbauern zufällt, erkennen wir jedoch erst dann, wenn man bedenkt, daß diese Menschen ständige Grenzwächter gegen die Raublust der Natur sind und nur durch ihre harte Arbeit die Kulturgrenze in diesen Höhen gehalten werden kann.

Wer die Bergwelt Tirols nach diesem Vortrag erwandert und zu den Bergbauern kommt, wird weniger dazu neigen, die äußeren Werte zu messen und zu zählen, als vielmehr den geheimnisvollen Kräften nachzuspüren, die aus der Einheit von Mensch und Natur kommen und die man nur erleben kann. **-der.**

positiv aufgenommen, manche hatten wenig Verständnis für mein Engagement für die Bergbauern. Die Bauern sind damals oft geringgeschätzt worden. Auf der anderen Seite hatten die Bauern für die reine Kopfarbeit manchmal wenig Sinn. Einer hat einmal gesagt: „Jaja, die G'studierten und meine Jochochsen, die arbeiten boade mit'm Schädl." Auch wenn es nicht immer leicht war, ich bin froh um jeden Tag, den ich bei den Bergbauern sein konnte. Keine Stunde möchte ich missen, die ich bei den Bauern gewesen bin.

Bei vielen Frauen Ihrer, aber nicht nur Ihrer Generation bestimmt über viele Jahre die Sorge für die Familie, für Haushalt und Kinder das Leben und Schaffen. Die Kontinuität Ihres Werkes erweckt den Eindruck, dass Sie weitgehend frei waren von derartigen Verpflichtungen. Sie haben sich erst 1959 aus der Mitte des Lebens heraus für ein eigenes Kind entschieden und Ihre Tochter alleine großgezogen. Für eine Frau Ihrer Generation ein ungewöhnlicher Schritt. Wie hat sich Ihr Leben dadurch verändert?

Es ist auf jeden Fall sehr viel reicher und lebenswerter geworden! Wir haben uns riesig über das Kind gefreut, auch wenn es in der damaligen Zeit für mich nicht ganz leicht war. Aber gerade für meine Generation, die durch den Krieg so viel verloren hat, schien es mir wichtig, das Leben weiterzugeben.
Meine Tochter Irmtraud wurde am 1. Januar 1960 in Klagenfurt geboren, am selben Ort wie ich seinerzeit. Wegen einer schweren Eisenmangel-Anämie war ich schon seit Oktober 1959 im Krankenstand und zog mich auf einen Bauernhof ins Gailtal zurück, um mich zu erholen. In dieser Zeit auf dem Bauernhof im Gailtal habe ich mein erstes großes Buch „Bauernwerk in den Bergen" zu schreiben begonnen. Ich hatte ja vorher schon eine Reihe von Beiträgen in Alpenvereinsjahrbüchern und Festschriften publiziert, zum Beispiel in den Festschriften für Geramb, Kinzl, Klebelsberg und Wopfner. Meine Dissertation „Almen und Bergmähder im Oberen Lungau" war schon 1950 auf Anregung des Landwirtschaftskammerdirektors von Salzburg gedruckt worden, aber ich

Irmtraud im Zillertal am Penken (1966)

hatte mir nie die Zeit genommen, meine Ergebnisse und Dokumente zu einem größeren Ganzen zusammenzufassen. Mit „Bauernwerk in den Bergen" habe ich das erstmals versucht. Das Buch ist dann 1961 erschienen.

Und ein Klassiker geworden!

Ja, in gewisser Weise schon. Das Buch liegt jetzt in der achten Auflage vor und wird immer noch verlangt, obwohl es schon 46 Jahre alt ist.

Wie war es Anfang der sechziger Jahre für eine alleinerziehende Mutter möglich, Beruf und Familie unter einen Hut zu bringen?

Ohne die Hilfe meiner Mutter wäre das nicht möglich gewesen. Sie hat ja bei uns in Innsbruck gelebt und sich vom ersten Augenblick an sehr auf ihr Enkelkind gefreut. An der kleinen Irmtraud hatte sie wirklich eine riesengroße Freude! Ich hab sie manchmal darum beneidet, dass sie so viel Zeit mit dem Kind verbringen konnte, während ich ja wieder in die Schule gehen musste. Es gab ja damals keine Karenz für berufstätige Mütter oder Ähnliches, nichts.

Martha Hubatschek unternahm bis ins hohe Alter gerne Reisen: die 85-jährige Großmutter mit ihrer Enkelin am Gardasee

Aber dank meiner Mutter ist alles wirklich wunderbar gegangen, wir können ihr nicht genug dafür danken!

Irmtraud war ihr Sonnenschein, und die Beziehung zu ihr hat meine Mutter bis ins hohe Alter von fast 96 Jahren auch geistig sehr wach und lebendig erhalten.

Meine Mutter hat zum Beispiel bis zu ihrem Tod immer noch jedes Jahr ein englisches und ein französisches Buch gelesen – „sonst vergess ich ja alles", hat sie gesagt. Sie war sehr sprachbegabt und hatte in ihrer Jugend die englische Sprachprüfung gemacht. Während des Krieges unterrichtete sie eine Zeit lang Englisch an der Brucker Realschule. Einer ihrer Wahlsprüche war: „Das Wichtigste im Leben? Dass man zufrieden ist, nicht allerhand Wünsche immer hat und dass man anderen Menschen hilft". Sie war ein sehr gütiger Mensch.

DIE BERGBAUERN IM MITTELPUNKT: ERINNERN AN EINE VERGANGENE LEBENSWELT

„Es kann der Tag kommen, da all unser Gold nicht reicht, um uns ein Bild der entschwundenen Zeit zu formen"

Sie erlebten und dokumentierten bis weit in die Nachkriegszeit hinein Arbeitstechniken und Lebenswelten, die heute archaisch anmuten. Auf den Bergbauernhöfen scheint in gewisser Weise die Zeit stehen geblieben zu sein. Wie sah der Alltag eines Bergbauern in den vierziger und fünfziger Jahren aus, wie können wir uns das Leben auf den Höfen vorstellen?

Ich hatte das große Glück, sehr früh zu den Bergbauern zu kommen. In einer Zeit, wo noch keine Fremden dort waren, wo es noch keine Fahrwege, keinen Strom, kein elektrisches Licht, kein Telefon und all diese Dinge gegeben hat, sondern wo alles noch sehr, sehr urtümlich war, nicht viel anders als Jahrhunderte vorher auch. Es hat sich in den letzten fünfzig, sechzig Jahren so derartig viel verändert, viel mehr als vorher in Jahrhunderten. Man kann es manchmal gar nicht glauben. Arthur Hazelius, der Begründer des ersten Freilichtmuseums der Welt in Skansen bei Stockholm, sagte bereits am Ende des 19. Jahrhunderts: „Es kann der Tag kommen, da all unser Gold nicht reicht, um uns ein Bild der entschwundenen Zeit zu formen."

Das gilt in noch viel stärkerem Maß für unsere Zeit. Der auf den ersten Blick größte Unterschied zu heute ist wahrscheinlich die Motorisierung mit all ihren Begleiterscheinungen. Es spielte damals eben eine „andere Musik": Es gab keinen Motorenlärm, keine Traktoren, Geländewagen, Melkmaschinen, sondern alle Arbeiten mussten mit menschlicher oder tierischer Zug- und Tragkraft gemacht werden.
Dadurch hat sich gerade bei den Bergbauern besonders vieles aus der ganz alten Zeit erhalten, was in den Städten oder auf dem flachen Land längst verschwunden war. Die ältesten Formen der Lastenbeförderung sind Tragen, Ziehen und Schieben. Diese Tätigkeiten waren zu der Zeit, als ich zu den Bergbauern hinauskam, noch ganz selbstverständlich. Der Mist wurde ausgetragen, ebenso die Erde; die Steine hat man mit der Hand aufgeklaubt, gab sie in einen Korb hinein und hat sie dann an den Rand des Ackers getragen. Auch das Bergheu wurde oft nach Hause getragen. Man kann sich heute gar nicht mehr vorstellen, dass zum Beispiel in der Zoponitzen bei Muhr im Lungau das Bergheu zunächst eine halbe Stunde lang bergauf getragen wurde bis auf die Kammhöhe, damit man es im Herbst auf der anderen Seite talwärts ziehen konnte. Alle Arbeit war Handarbeit. Maschinen gab es zunächst kaum. Die Wiesen, ob flach oder steil, wurden von Hand mit der Sense gemäht, das Getreide mit der Sichel geschnitten. Die Kühe wurden von Hand gemolken, zweimal am Tag. Welch große körperliche Anstrengungen alle diese Tätigkeiten waren, das kann man sich heute gar nicht mehr vorstellen.

Wie kann man sich den Tagesablauf eines Bergbauern vorstellen?

Sehr unterschiedlich, das lässt sich so allgemein nicht sagen. Das Schöne an der Bauernarbeit ist ja gerade, dass sie so vielseitig ist. Es gibt jeden Tag etwas anderes zu tun. Und das Tagwerk hängt nicht nur vom Menschen ab, sondern von der Jahreszeit, der Witterung und allen

Ein Tisch wird in die Hintere Asten, zu den höchstgelegenen Kärntner Bauernhöfen getragen (1954)

möglichen anderen Umständen. Jede Tätigkeit hat ihre Zeit. Die Bauern leben im Einklang mit der Natur, sie müssen auf sie hören, die Zeichen deuten. Es ist ja ein unglaubliches Wissen, das da in den alten Bauern drinsteckt.

Die Jahreszeiten geben einen gewissen Arbeitsrhythmus vor. Wie begann damals das bäuerliche Jahr, wie nahm das Frühjahr bei den Bergbauern seinen Lauf?

Traditionell beginnt das bäuerliche Jahr nicht mit dem Neujahrstag, sondern erst mit Lichtmess am 2. Februar. An diesem Tag bekamen die Knechte und Mägde üblicherweise ihren Jahreslohn ausgezahlt, teilweise in Form von Naturalien wie Wäsche und Wolle. Nur zu Lichtmess konnten die *Ehaltn,* die bäuerlichen Dienstboten, ihren Dienstplatz wechseln.
Um diese Zeit werden die Tage schon deutlich länger, sodass langsam an die Frühjahrsarbeiten auf Wiesen und Äckern gedacht werden kann. Es ist die Zeit, in der auf den sonnseitigen Steilhängen oft die schweren Nassschneelawinen kommen. Sie führen Steine und Geröll mit, die in den Äckern und Wiesen liegen bleiben. Hätten die Bauern nicht jedes Jahr Stein für Stein aufgeklaubt und in den eigens dafür gebauten niederen Schlitten, den *Stoanschlitten,* weggeschafft, hätten sie in kürzester Zeit statt einer Wiese eine Steinwüste gehabt.
Wenn es herunten im Inntal schon überall grünt und blüht, liegt oben in den Hochtälern meist noch zäh der Schnee. Der Bauer half dem Langes, dem Frühling, gerne ein bisschen beim Ausapern, indem er Asche oder Ruß auf die Äcker streut. Vielleicht kommen nun schon langsam die Krokusse heraus?
Wenn die Wiesen dann aper sind, ist es Zeit, den Mist auszubringen. Der Dünger wurde möglichst schon im Herbst oder sonst im Frühjahr ausgebracht. Bei den Höfen von Perfall im Sellrain ließ man den Dün-

Mist-„Klockn“ auf der Stöcklenalm im Stubaier Oberberg, Tirol (1944)

ger den Winter über in großen Haufen festfrieren, sodass man ihn im Frühjahr ganz fein zerschlagen, *klockn,* und ausbringen konnte. Die steilen Hänge waren dabei eine besondere Herausforderung. Mit großem Erfindergeist tat man alles, dass der wertvolle Dünger wirklich den Flächen zugutekam, die ihn gebraucht haben, und nicht hinabkugelte und irgendwo unten beim Bach landete. Teilweise wurde dort der Mist sogar mit der Hand ausgestreut. Dieser Erfindergeist, gerade was das Handwerkszeug, aber auch was die Vielfalt der Arbeitstechniken betrifft, ist ja überhaupt typisch für die Bergbauernarbeit. Nur so konnte man dem kargen Boden unter den widrigen Bedingungen noch etwas abringen. War der Dünger ausgebreitet, musste man ihn *u'riblen,* sagen die Bauern. „Anreiben" sozusagen, damit er sich gut mit dem Boden verbindet und nicht mit dem nächsten Wind wieder verloren geht. Dazu wurden meist sehr einfache, nahezu archaische Formen von Eggen aus Reisigbüscheln benutzt.
Inzwischen ist es vielleicht April geworden. Man konnte langsam an die Ackerbearbeitung denken. Es war ja früher so, dass jeder Bauer mindestens einen Teil seines Brotgetreides aus dem eigenen Boden erwirtschaften wollte. Selbst in Gebieten, die sich von den natürlichen Bedingungen her nicht mehr sehr gut dafür eigneten, zum Beispiel im Tuxer Tal, wurde noch Getreide angebaut. In der Hauptsache Roggen, auf Berghöfen, wo es sehr sonnig war, aber auch Weizen. In Farst zum Beispiel wurde noch Weizen angebaut.

Farst – das ist dieser sehr ausgesetzte Weiler hoch über Umhausen im Ötztal. Man kann sich kaum vorstellen, dass dort Menschen das ganze Jahr über leben, geschweige denn, dass sie in diesen steilen Hanglagen Ackerbau betrieben.

Ja, es gehörte schon viel Mut dazu, dort oben zu siedeln. Es hieß nicht umsonst, in Farst müsse man sogar den Hühnern Steigeisen anlegen.

Mist-„U'riblen" mit einer Dornenegge beim Planötzenhof in Innsbruck (1945)

Aber wie hat einmal ein Bauer gesagt, der seine Frau in Farst gefunden hat: „Wenn man verliebt ist, dann ist der Farst eben." Jahrhundertelang konnte man diese sechs Höfe nur auf einem schmalen Steig erreichen, der mit gehauenen Stufen durch die Engelswand führte, die dort steil ins Tal abbricht. Schwaighöfe, also Viehhöfe, sind in Farst bereits aus dem 13. Jahrhundert bekannt. Um das Erdreich dort oben auf den Hangterrassen zu halten, schlug man im Abstand von ungefähr zwei zu zwei Metern Pflöcke in den Boden und legte Bretter quer, damit die wertvolle Krume nicht abrutschen konnte. Das Getreide wurde in Farst nicht wie üblich gesät, sondern es wurde von Hand gesetzt. Man machte mit dem Setzholz Löcher, wie beim Erbsen- oder Bohnenlegen, da hinein wurden dann die Getreidekörner gelegt. Auf diese Weise benötigte der Bauer weniger Saatgut, das war auf den Bauernhöfen ja immer ein kostbares Gut, und beim Jäten tat man sich auch leichter. Geraten ist der Weizen dort oben gut, weil es ja sehr sonnig ist. Ansonsten wurde in den höher gelegenen Gebieten aber hauptsächlich Gerste angebaut, das ist das anspruchsloseste Getreide.

Die Erosion war sicher nicht nur für die Bauern in Farst ein Problem?

Das Problem stellte sich eigentlich in allen Hanglagen. Durch Regen und Schnee rutscht die Erde der steilen Ackerflächen immer weiter abwärts. Würde man nichts dagegen tun, befände sich bald ein Erdwall am unteren Rand des Ackers und oben schauten die Felsen heraus. Deswegen musste man jedes Frühjahr die Erde der untersten Furche wieder an den oberen Rand des Ackers schaffen. Die kostbare Krume wurde in einen Ruckkorb gefasst und hinaufgetragen bis zum oberen Rand. Dort hat man die schwere Last über die Schulter gekippt und ging wieder hinunter um die nächste Ladung. Mancher Bauer konnte so mit Recht sagen: „Ich hab meinen ganzen Acker schon auf meinem Buckel getragen." Später hat sich manch ein Erfindergeist diese Knochenarbeit mit

Farst, hoch über Umhausen im Ötztal, Tirol (1946)

einer Art Flaschenzug oder Ähnlichem erleichtert – aber 1943, da wurde das Erdauftragen noch so gemacht.

Verglichen mit heute, ist es ja schier unglaublich, wie viele Arbeitsgänge nötig waren, bis die Saat endlich einmal ausgebracht werden konnte.

Ja, heute wird das alles nicht mehr gemacht. Der Getreideanbau ist aus den Bergen ganz verschwunden, eben weil er so mühsam und wenig ertragreich war.
Als nächste Arbeit stand dann das Umbrechen des Bodens an. Im Tuxer Tal verwendete man dazu den sogenannten *Vorpfluag*, der meist von Menschen gezogen wurde. Die Ochsen – wenn die Bauern überhaupt welche hatten – hätten sich in diesem steilen Gelände zu schwer getan und mit einem normalen Joch gar nicht arbeiten können. Den Vorpflug zogen zwei Leute, und der Bauer hat hinten fest niederhalten müssen, damit das *Sech*, ein Pflugmesser, den Boden aufschnitt. Den Grund, den man umbrechen wollte, zerschnitt man in Streifen von ungefähr 20 bis 30 Zentimeter Breite. Ich selbst habe im Tuxer Tal zwei Stunden lang den Vorpflug gezogen – es ist wirklich eine äußerst anstrengende Arbeit. Im Schmirntal hatten sie für diese Arbeit den *Bänkeschneider* – dort nennt man den abgeschnittenen Streifen Rasen nämlich Bank –, im Ötztal gab es den *Wasnreißer*. Auch wenn die Dinge anders heißen, die Arbeit war letztendlich die gleiche. Es ist typisch für die Bergbauernarbeit, dass die Dinge von Tal zu Tal oft ganz unterschiedlich gestaltet und benannt wurden. „Ma tuat überall anderscht und decht überall recht", hat ein Bauer einmal treffend bemerkt.
War die *Bank* geschnitten oder der *Wasn* gerissen, ist die ganze Familie mit dem *Kral* gekommen, einem dreizinkigen Eisengerät, das in die mit dem Vorpflug gemachten *Ritzer* hineingehauen wurde, um gemeinsam mit einem Ruck den ganzen Rasenstreifen, die *Bank*, herumzuwälzen. Unten wurde ein Brett aufgelegt, damit ja keine Erde verlo-

Vorpflügen im Tuxer Tal, Tirol (1943)

Bergbauernhof im Villnösstal, Südtirol, gegen Peitlerkofel und Geislerspitzen (1959)

ren geht. Die groben Erdschollen wurden klein geschlagen, denn der Acker musste für die Aussaat möglichst gleichmäßig hergerichtet sein. Das Aussäen selbst blieb erfahrenen Leuten vorbehalten, damit kein kostbares Saatgut vergeudet wurde und die Saat gleichmäßig aufgehen konnte. Die ausgebrachten Samenkörner wurden sorgfältig eingewalzt. Besonders heikel war das Aussäen des Flachses, der durfte ja nicht zu dicht stehen. Die Bedeutung des Flachses wird heute leicht vergessen, auch wenn man den Leinsamen im Brot wieder schätzt.

Worin lag die Bedeutung des Flachses?

Der Flachs ist ja die Grundlage fürs Leinenweben, und Leinen war damals – ähnlich wie die Baumwolle heute – neben der Wolle der gängigste Stoff: die Kleidung, Tisch- und Betttücher, alles war aus Leinen

Flachsjäten bei Going, Tirol

Flachsbrecheln beim Klausner in Neustift im Stubaital, Tirol (1943)

gefertigt. Flachs wurde eigentlich auf jedem Hof angebaut, bis in die höheren Lagen hinauf, er ist ja recht unempfindlich. Im Ötz- und Pustertal war er eine begehrte Handelsware. Der Ötztaler Flachs wurde schon um 1891 an der Hamburger Börse gehandelt und war damals für das Tal von größerer wirtschaftlicher Bedeutung als das Vieh, aber man baute ihn natürlich auch zum Eigenbedarf.

Der Weg vom Flachs zum Leinen war vom ersten bis zum letzten Handgriff sehr arbeitsintensiv. Nicht umsonst sagt man, „der Hoor" – so nennt man im Volksmund den Flachs – „geht durch 72 Händ', bis er einmal getragen wird". Schon das Säen war heikel, dann musste der Flachs sehr sorgfältig gejätet werden. Etwa Anfang August standen die Äcker blau in Blüte, ein wunderbarer Anblick. Früher wurde übrigens auch noch viel Mohn angebaut – es war einfach herrlich anzuschauen: die rot, lila oder weiß blühenden Mohn- und die blauen Flachsfelder.

Wann wurde der Flachs geerntet?

Ungefähr Ende August wird der Flachs gelb und reif zum Ernten. Jede Pflanze wurde mitsamt der Wurzel von Hand ausgezogen, um nur recht langen *Hoor* zu gewinnen. Dann wurde der *Hoor* genau wie das Heu oder das Getreide auf die Stifler zum Trocknen gehängt. Nach vier Wochen etwa konnte die Ernte eingebracht werden. Nun musste sie *geriffelt* werden. Dabei werden die Flachsstängel durch ein Gerät mit spitzen Eisenzähnen gezogen, damit die Samenkapseln reißen. So konnte man den wertvollen Samen gewinnen. Dann folgt das *Reasn,* das heißt, die Flachsstängel werden für einige Wochen auf einer Wiese aufgelegt und durch Tau und Regen feucht gehalten, um die äußeren Teile mürbe zu machen. Schließlich warten das *Grumbeln* oder *Brecheln,* eine schwere und staubige Herbstarbeit.
Beim Grumbeln wird der Flachs zunächst gleichmäßig über dem Feuer gebäht, ehe er mit der Brechel so lange bearbeitet wird, bis die holzigen Teile des Stängels abfallen und nur mehr die Faser übrig bleibt. Zum Flachsbrecheln ist oft die ganze Nachbarschaft zusammengekommen, damit man diese Arbeit gemeinsam an einem Tag beenden konnte. Am Endes dieses Tages feierte man gern ein kleines Fest mit gemeinsamem Singen und Tanzen. Später wurde der Flachs beim *Schwingen* und *Hacheln* nochmals gereinigt und verlesen, bevor er im Winter versponnen wurde. Von Kathrein bis Gertraudi, also vom 24. November bis 17. März, hatten die Frauen neben der Hausarbeit hauptsächlich zu spinnen, von früh bis spät.

Hat man das Leinen auf den Höfen auch selbst gewebt?

Das war verschieden, manche Bauern, zum Beispiel meine Verwandten im Gailtal, hatten eigene Webstühle und webten selbst. Bei anderen wiederum, wie im Stubai, sind die Weber – ebenso wie Schneider oder Schuster – auf die *Stör* gegangen, also selbst auf die Höfe gekommen.

Flachsbrecheln in Tux, Tirol (1943)

Diese fahrenden Handwerker haben gegen Kost und Unterkunft die anfallenden Arbeiten verrichtet. Gerade die Schuster waren auf den größeren Höfen oft lange beschäftigt, bis alle Schuhe neu angefertigt oder gerichtet waren.

Kehren wir zurück zum bäuerlichen Jahreslauf. Was waren noch weitere typische Frühlingstätigkeiten?

Der späte Frühling war auch die Zeit, um das Dach auszubessern. Die meisten Dächer waren mit Holzschindeln gedeckt, die durch Schnee, Wind und Regen jedes Jahr in Mitleidenschaft gezogen wurden. Je nach Holzart hielten diese Schindeln mehrere Jahrzehnte, mussten aber immer wieder zurechtgerückt und nach einiger Zeit umgekehrt werden. Schadhafte Schindeln wurden von Zeit zu Zeit erneuert. Manche Bau-

Flechtzaun im Schmirntal

Bänkeschneider im Wildlahner Tal (1958)

ern haben über die Wintermonate einen großen Vorrat an Schindeln gemacht. Der Bauer ist ja immer auch sein eigener Handwerker und beweist gerade bei allen Holzarbeiten große Kunstfertigkeit. Es wurde einfach alles aus Holz großteils selbst hergestellt, von der Wiege bis zum Sarg, alle Möbelstücke, das Arbeitsgerät, auch das bescheidene Spielzeug der Kinder.

Im Tiroler Unterland, im Brixental, waren sogar die Höfe als reine Blockbauten ganz aus Holz errichtet. Diese Häuser wurden jedes Jahr im Frühling von oben bis unten mit einer Brennnessellauge gewaschen – eine nicht sehr beliebte Frauenarbeit, die äußerst langwierig war.

Auch das Ausbessern der Zäune fiel in die Frühlingszeit. Nach einem alten Rechtsbrauch sollte diese Arbeit bis zum *Irgitag,* dem Georgstag am 24. April, beendet sein. Interessant ist die Vielfalt der Zaunformen

und -techniken! Gemeinsam ist allen, dass sie ohne Verwendung von Eisennägeln, ausschließlich aus Holz, hergestellt wurden. Eisennägel hätte man kaufen müssen, Holz war reichlich vorhanden, und die eigene Arbeitszeit rechnete man früher nicht als Kosten. Für die Ringzäune – bei denen die Zaunstecken oder Bretter durch Ringe verbunden sind – wurden immer neue Zaunringe benötigt. Diese Zäune halten gut zehn, zwölf Jahre, aber ausbessern musste man sie jedes Jahr. Die Zaunringe wurden aus sauber geputzten Fichtenästen gefertigt.
Das Putzen dieser Äste war eine Arbeit, die auch noch von den ältesten Bewohnern am Hof verrichtet wurde. In Hopfgarten habe ich eine 90-jährige Altbäuerin erlebt, die an einem Tag 300 Äste für Zaunringe gerichtet hat. Diese Äste müssen am offenen Feuer gebäht werden, eine Arbeit, die viel Erfahrung braucht. Wenn man sie zu stark bäht, dann verbrennen sie oder sie brechen. Wenn man sie zu wenig bäht, dann lassen sie sich nicht gut biegen. Das Bähen war eine sehr unbeliebte Sache, weil man dabei ständig im Rauch stand und sich leicht die Finger verbrannte. „Es ist die Vorstufe zum Fegefeuer", hat einer gesagt.

Gab es im Frühling neben dem Hausabwaschen noch andere Arbeiten, die nur von Frauen verrichtet wurden?

Ja, das Frühjahr war auch die Zeit der großen Wäsche. Natürlich wurde auch unterm Jahr gewaschen, aber eine große Wäsche für die Lein- und Tischtücher und andere große Stücke wurde meistens im Mai abgehalten. Das war ein ungeheurer Aufwand, so ein Waschtag. Bereits am Vortag bereiteten die Frauen ihr „Waschmittel", die Aschenlauge zu, bevorzugt aus Fichten- oder Buchenholz, weil damit die Wäsche weißer wurde als mit dem rötlichen Lärchenholz. Die Holzasche wurde für zwei, drei Stunden mit Wasser aufgekocht, dann ließ man sie absetzen und seihte sie durch ein Tuch. Die Wäsche selbst wurde am Vortag zunächst mit Soda eingeweicht, am Waschtag einmal mit Aschen-

G'schaffleter Brunnen in Fiss, Tirol (1947)

Bergbauernkinder in Tux, Tirol, gegen den Olperer (1943)

lauge ausgewaschen und dann in großen Bottichen *gsechtlt,* das heißt in Aschenlauge eingelegt, die schmutzigste Wäsche zuunterst und dann immer höher hinauf. Die eingelegte Wäsche wurde mit heißem Wasser übergossen, man ließ sie ziehen, dann wurde das Laugenwasser abgelassen, wieder aufgekocht und abermals auf die Wäsche geschüttet – oft bis zu sechs, sieben Mal. Eine langwierige Prozedur, für die man gern die Nähe des Backofens wählte, weil dort das Wasser in großen Mengen am einfachsten zu erhitzen war. Zum Schluss wurde die Wäsche noch mit dem *Bluidl,* einem Holz, kräftig geschlagen, bevor es ans Schwemmen im Brunnen – oder noch lieber – im fließenden Wasser des nächsten Baches ging.
Im Sellrain hat es bis weit in die Nachkriegszeit hinein ein eigenes Wäscherinnen-Gewerbe gegeben, etwas, das es meines Wissens sonst nirgendwo gibt. Die Sellrainer Bäuerinnen haben jahrhundertelang die Wäsche der Innsbrucker Hausfrauen gewaschen. In der Stadt gab es meist gar nicht so viel Platz, allein schon zum Trocknen. Zudem zeichnet sich das Sellrain durch ausgesprochen weiches Wasser aus, was die Wäsche besonders gut gelingen ließ. Die Sellrainerinnen haben also mit einem Fuhrwerk oder kleinen Handwägen einmal wöchentlich die Wäsche geholt und zum Waschen ins Sellrain gebracht. Das Buchenholz für die Aschenlauge haben sie eigens aus der Leutasch besorgt, weil damit die Wäsche besonders weiß wurde. Jeder Hof hatte ein eigenes großes Gestell zum Trocknen der Wäsche. Seit Maria Theresias Zeiten war dieses Gewerbe steuerfrei, und es hat sich so lang gehalten, bis um 1950 herum die Waschmaschinen aufgekommen sind.

Weil wir gerade beim Waschen sind, ich bin neugierig: Wie sah es denn auf den Höfen mit der persönlichen Hygiene aus?

Badezimmer hat es in den allermeisten Fällen noch keine gegeben. Ich kann mich gut erinnern, als ich im Jahr 1934 zum ersten Mal im Gailtal war, haben sie von einem Bauern in der Verwandtschaft erzählt, der jetzt ein Badezimmer hätte. Das war eine große Neuigkeit, etwas höchst Modernes, aber selbstverständlich war es noch lange nicht. Früher hat

„Wäsch-Häng" im Sellrain, Tirol (1950)

man auf den Höfen überhaupt nicht gebadet. Man wusch sich mit einer großen Holzschüssel oder einfach draußen beim Brunntrog. Ich kann mich noch gut erinnern, auf dem Hof in Going, wo ich besonders oft und gern war, gab es zehn Kinder. In der Früh hat die Mutter sie immer zusammengerufen – „Kinder, geht's her da zan Zwågn und Stralln" – zum Waschen und Kämmen also, und dann haben sie sich halt alle nacheinander in dieser großen Schüssel gewaschen. Diese Bäuerin dort hat übrigens jeden Tag Brot gebacken, für alle zwölf Leute. Das war ein herrliches Brot!

War das üblich, dass jeden Tag Brot gebacken wurde?

Nein, das ist schon eine Ausnahme. Das Brotbacken wurde ganz unterschiedlich gehandhabt, insgesamt wurde eher selten gebacken, bis hin zu dem Extrem, dass mit einem Mal Backen das Brot fürs ganze Jahr

gestellt wurde. Einmal habe ich es erlebt, da wurden auf einem Hof uf einmal 350 Kilogramm Mehl verarbeitet, und das Backen hat zwei Tage und drei Nächte gedauert. Das waren natürlich sehr kleine Brote, etwa handtellergroße *Breatln,* die gut zum Lagern waren, sogenanntes Hartbrot also. Man hat sie oft in einer *Brothäng* oder *Rehm* von der Decke herabhängend trocken und vor Mäusen sicher gelagert.
Dieses harte Brot wird in einer *Brotgrumbel* zerkleinert. Diese *Grumbel* ist ein trapezförmiges Brett mit einem etwa drei bis fünf Zentimeter hohen Rand, damit das Brot nicht wegspringen kann. An der oberen Mitte ist ein Messer befestigt mit einem großen Handgriff und einer scharfen Schneid. In diese Grumbel legte man das Brot hinein, und es wurde mehr oder weniger heruntergehackt.
Die harten Brotbrocken wurden mit warmer Milch übergossen, das war eine ganz übliche Morgen- oder Abendmahlzeit. Manchmal hat man

Mittagessen im Lavanttal, Kärnten (1952)

Kochen am offenen Feuer auf der Alm, Stubai, Tirol (1951)

das harte Brot mit den Kartoffeln gesotten, dann ist es auch weicher geworden. Hartes Brot zu essen war etwas völlig Normales. Ein Bauer hat einmal in diesem Zusammenhang gemeint: „Altes Brot ist nicht hart – gar kein Brot, das ist hart."

Wie haben sich die Bergbauern sonst ernährt, wie waren die Essgewohnheiten?

Das ist natürlich auch wieder sehr unterschiedlich, von Talschaft zu Talschaft, von Hof zu Hof. Es machte auch einen großen Unterschied, ob auf einem Hof mehrere Arbeitskräfte waren und es zum Beispiel eine eigene *Kuchldirn* gab oder ob die Bäuerin alles alleine machen musste: einheizen, das Vieh versorgen, die Morgenmahlzeit kochen … Auch die Kochstellen waren sehr verschieden. Bis weit in die Nachkriegszeit hi-

Beim Mähen in Juns, Tuxer Tal, Tirol (1942)

nein war die *schwarze Kuchl*, mit einem offenen, aus Steinen gemauerten Herd ohne Kamin, noch weit verbreitet.
In alter Zeit gab es am Morgen – vielfach war man ja schon um fünf in der Früh auf den Beinen – nach den ersten Tätigkeiten im Stall oder auch draußen im Freien zum Frühstück ein Mus, also eine Art Getreidebrei. Das Mus wurde in einer großen Muspfanne zubereitet. Je nachdem wie viele Leute zu verköstigen waren, waren das teilweise riesige, schwere Pfannen, die auf einem Dreifuß über das offene Feuer oder direkt in die Glut gestellt wurden. Dementsprechend heiß wurden sie dann auch. In einem Bauernhaus im Stubai war im Gang in die Hausmauer extra eine Nische eingelassen, damit man die Muspfanne in der Früh zum Auskühlen dort hinstellen konnte. Aus dieser Pfanne haben dann alle gemeinsam gegessen, und es war genau geregelt, wer zuerst seinen hölzernen Löffel ins Mus tauchen durfte. Das „Butterloch" des anderen anzugraben war streng verpönt! Jeder hatte auch seinen eigenen Löffel, den er direkt in der Tischlade verwahrte.
Am Vormittag gab es in manchen Gegenden nur während der Hauptarbeitszeit, also bei schwererer Arbeit, vor dem Mittagessen noch eine Zwischenmahlzeit – zum Beispiel in der Schale gekochte Kartoffeln und Milch – und zu Mittag halt ein Mittagessen, das meist mit einer einfachen Suppe begonnen wurde. Am Nachmittag war es auch wieder so. Nicht überall war eine Nachmittagsjause üblich, oft nur bei besonders schwerer Arbeit. Abends gab es dann meistens Kartoffeln – aber auch nicht überall. Die regionalen Unterschiede sind da oft sehr groß, das sieht man allein an den völlig verschiedenen Namen für die einzelnen Mahlzeiten. Ich habe einmal über die Alltagskost beim Tiroler Bergbauern publiziert und all diese Feinheiten genau beschrieben.
Allein zwischen dem Unter- und dem Oberland gibt es schon sehr große Unterschiede. Im Unterland ist die Kost früher meistens reichlicher, fettreicher gewesen, da gab es viel Schmalzgebackenes und solche Sachen. Das Oberland war karger. Die Unterländler sind deswegen nicht sehr gern im Oberland auf Dienst gegangen.
Jeder Wochentag hatte seine typische Speise. Dienstag, Donnerstag und Sonntag war Knödeltag. Im Stubai gab es zum Beispiel jeden Samstag

Krapfen. Die Speisen haben sich oft wiederholt, die Küche war nicht so vielfältig wie heute, allein schon deshalb, weil man sich von dem ernährte, was man selbst am Hof erwirtschaftet hat. Und im Sommer, auf der Alm, sah der Speiseplan wieder ganz anders aus, da waren natürlich Milch, Topfen, Butter und Schmalz die Hauptnahrungsmittel.

Der Sommer ist die Zeit der Almen. Diese in gewisser Hinsicht halbnomadische Lebensweise ist ja besonders typisch für die Bergbauernkultur. Welche Bedeutung hat das Almwesen für die Bergbauern?

Die Almen bedeuten nicht nur eine große Futterersparnis, auch der gesundheitliche Wert für gealptes Vieh ist sehr hoch. Ohne die Almwirtschaft wären die Bergbauern eigentlich kaum durchgekommen, doch so musste das Vieh über mehrere Monate hinweg nicht gefüttert werden und auf den Heimwiesen und Bergmähdern konnte das Winterfutter

Heufassen in Juns, Tuxer Tal, Tirol (1942)

gewonnen werden. Im Juni etwa konnte die Auffahrt auf die Alm endlich beginnen. Das war für Mensch und Vieh ein Freudentag, weil meistens das Futter schon ziemlich knapp geworden ist. Wenn das Vieh dann auf den Almen ist, werden die Heimwiesen zum ersten Mal gemäht. Zwischen der ersten und der zweiten Mahd der Heimwiesen, bei der man das *Grummet* gewinnt, liegt die Zeit der Bergmahd – für viele die anstrengendste, aber auch die schönste Zeit im Jahr.

Wie groß die Bedeutung der Bergmähder ist, zeigt sich unter anderem darin, dass zum Beispiel im Zederhaustal fast alle Hofbewohner für zwei, drei Wochen *„ge Birg"* ziehen, um auf den Bergmähdern zu arbeiten. Im Lungau zum Beispiel wurde bei manchen Bauern mehr als die Hälfte des Winterfutters aus Höhen bis zu 2500 Meter Höhe heruntergeholt. „Je höher droben das Gras wächst, desto besser wird das Futter", heißt es. Ganz zuhinterst in der Zoponitzen, sagen die Zederhauser, sei das Heu schon so gut, „dass 's a kranker Bauer ah fressn mag".

Auch für die Tiere, das Milchvieh, die Pferde und natürlich die Schafe, ist die Alpung sehr nützlich, sie sind viel widerstandsfähiger, viel gesünder als die Tiere, die nur im Stall stehen oder im Flachland zu Hause sind. Und sie genießen – genau wie die Menschen – die Freiheit auf der Alm. Wer je eine Herde Pferde mit wehenden Mähnen über die Almen galoppieren sah, weiß, wovon ich rede. Die Schafherden zogen bis in die Gipfel- und Gletscherregionen hinauf und waren dort weitgehend sich selbst überlassen. Übrigens gab es auf nahezu jeder Alm auch ein paar Hühner, und überall wo Milchvieh war, waren die Schweine nicht weit, da sie mit der *Jute,* der Molke, gefüttert wurden. Ich kann mich erinnern, wie ich einmal zwei Schweine von der Alm heruntertreiben musste. Das ist ungefähr das Ärgste, was einem passieren kann. *(Lachen)* – Die Viecher tun nur, was sie wollen!

Das Almpersonal hatte sehr große Eigenverantwortung im Umgang mit dem Vieh, im Buttern und Käsen, und die Bauern haben zuverlässige Leute gebraucht. Oft musste ja zwischen mehreren *Legern,* der Nieder-, Mitter- und Hochalm, gewechselt werden.

Auffahrt auf die Alm, Padaun, Valser Tal, Tirol (1946)

Wurde die Milch direkt auf den Almen verwertet?

Heutzutage wird die Milch sehr oft mit dem Auto ins Tal gebracht, aber früher ging das nicht, da wurde alles gleich auf der Alm verarbeitet. Die Junsbergalm im Tuxer Tal ist eine der wenigen Almen, wo auch heute noch die gesamte Milch droben auf der Alm zu Bergkäse und Tilsiter verarbeitet wird. Früher, also vor vierzig, fünfzig Jahren, ließ man das gesamte Milchvieh drei Wochen lang im August dort oben auf den Weideplätzen, im Freien, ohne Stall. Die Almleute mussten jeden Tag ganz zeitig in der Früh eine gute Stunde hinaufsteigen vom Hochleger, um dort zu melken. Anschließend wurde die Milch in *Zummen,* in großen Holzgefäßen, hinuntergetragen zur Alm. Das Ganze wiederholte sich dann am Spätnachmittag noch einmal. Es war ein steiler, steiniger Weg und ein sehr gutes Futter dort oben, sodass man damals im Scherz ge-

„Milchstötz“ und andere Geräte zur Milchwirtschaft auf einer Alm im Allgäu (1950)

Hochgelegener Melkplatz „auf'm Kapfar", Junsalm, Tuxer Tal, Tirol (1942)

sagt hat: Bis man unten ist, auf der Alm, ist die Milch durch das Schütteln beim Gehen schon Butter geworden!
Bei einer meiner Almbegehungen im Oberland habe ich 1949 noch einen Butterstock gefunden, eine uralte, heute kaum mehr vorstellbare Art der Vorratshaltung. Auf einem ungefähr zwei mal zwei Meter großen Brett wurde die Butter aufgestrichen, jeden Tag aufs Neue. Mit den Fingern zog man Rillen in die Butter, damit sie gut ineinandergreift. Bis zum Ende der Almzeit ist so ein mehr als ein Meter hoher Butterstock „gewachsen".

Die Butter dürfte schon nach wenigen Wochen ranzig gewesen sein.

Natürlich hatte sie einen langen „Bart", man hat sie nur auslassen können zu Butterschmalz.

Eigentlich jammerschade um die Butter. Warum hat man das so getan?

Dazu muss man wissen, dass die Besitzverhältnisse im Oberland ganz anders sind als im Unterland. Im Unterland gibt es viele Privatalmen, im Oberland sind es meistens Gemeindealmen. Die Bauern, die ihr Vieh in der jeweiligen Gemeinde überwintern, haben im Frühjahr das Recht, dort aufzutreiben. Auf diesen Almen befinden sich meist eine große Hütte und eine Unzahl von kleineren Ställen, wo die Tiere untergebracht waren. In der Hütte wurde gekocht und gekast. Mit der Gemeindealm verbunden war eine ganz alte Form der Milchmessung. Der Ertrag wurde nur an bestimmten Tagen gemessen, meistens zu Jakobi, *Jogga* sagen sie dazu, das ist der 25. Juli. An diesem Tag wurde die Milchleistung jeder einzelnen Kuh mit Strichen auf einem Kerbholz festgehalten. Nach diesem gemessenen Ertrag berechnete sich der Anteil an

Diasalm im Paznaun, Tirol (1946)

Butter vom gemeinsamen Butterstock und an Käse, den jeder Bauer am Ende des Sommers bei der Almabfahrt bekam.

Wie wurden die Besitzverhältnisse auf den Almen geregelt? Gerade auf den hochgelegenen Bergmähdern stelle ich mir das nicht ganz einfach vor.

Eigentlich war das genauso geregelt wie unten in der Ebene auch. In der Zoponitzen im Lungau zum Beispiel gab es einen Lageplan, wo von alters her genauestens die Mahdrechte eingetragen waren, sodass jeder Bauer von den guten und den schlechten Mähdern gleich viel Anteil hatte. In der Praxis war das natürlich manchmal schon ein bisschen heikel und führte hin und wieder zu Streitereien.

Wie stand es um die viel gerühmte Freiheit auf der Alm?

Es ist interessant, dass sich die Leute und auch die Tiere – die älteren Kühe haben den Weg ja schon von alleine gekannt – wirklich gefreut haben, wenn's im Juni wieder auf die Alm ging. Obwohl dort oben das Tagewerk noch arbeitsreicher und das Leben noch einfacher war. Der Tag hatte oft 16 Stunden und mehr. Noch im Morgengrauen hieß es: hinaus, die Kühe melken und auf die Weide bringen. Wenn das Wetter gepasst hat, arbeitete man während der Mahdzeit oft bis zum Einbruch der Dunkelheit. Trotz aller Anstrengungen und Mühen war es eine besondere Zeit. Manchmal sind sogar die Bauersleute selbst, die Altbauern zum Beispiel, mit auf die Alm gegangen. Ich kannte eine Bäuerin aus Tux – sie ist weit über 90 Jahre alt geworden – die war, ich weiß nicht wie viele Sommer auf der Alm. Auch als ganz alte Person, wenn sie im Winter schon fast hinfällig war, ist sie im Sommer wieder auf die Alm und hat dort neue Kräfte gesammelt. So mancher *Hoaminger* – so wurden in der Kitzbüheler Gegend die am Hof zurückbleibenden Leute genannt – hat die *Alwinger*, die Almleute, ein wenig beneidet. Bei schönem Wetter wenigstens, da war das Leben dort droben auch eine fröhliche Zeit.

Nächste Doppelseite: Schafalm gegen die Reichenspitzgruppe, Tirol (1948)

Bei der Bergmahd wurde oft gesungen und gejodelt, zweistimmig, dreistimmig, wie es sich gerade ergeben hat. Wer das einmal draußen in der Natur – nicht auf irgendwelchen verkitschten Folkloreabenden – gehört hat, der weiß, dass so die reine Lebensfreude klingt. Es gibt ein bekanntes Lied: „Wann der Kuckuck schreit, aft ist Langes Zeit“. In diesem Lied heißt es in einer Strophe *„pocht's von alle Wänd, wo frische Mahder send“.* Ich habe lang nicht gewusst, was dieses „Pochen“ bedeutet. Einmal dann war ich selbst drinnen in Tux, in einem Bergmahdgebiet weit droben. Als ich am Abend auf den Hof zurückgekommen bin, haben sie mich gefragt: „Haben sie dir heut gepochet?“ – „Was haben sie?“, hab ich gefragt. *„Gepochet.“* – Und dann ist mir klar geworden, was Pochen bedeutet: Es ist eine Art Almschrei, den sich die Leute auf der Alm oft von weit her zurufen, als eine Art Begrüßung. Am Abend, wenn's nicht gar zu streng war, wurde oft auch noch gesungen.

Beim Mähen am Steilhang, Zederhaustal, Salzburg (1939)

Muhrer Mahdleut', Lungau (1939)

Da fällt mir ein nettes Erlebnis ein, das ich mit einer Südtiroler Bäuerin im Jahr 1941 während der Bergmahd auf der Seiser Alm hatte. Die *Schulmoasterin,* so wurde diese Bäuerin genannt, war eine groß gewachsene, sehr saubere Bäuerin. Wir sind gemeinsam zum Heuen auf die Alm hinauf, ihr Mann war schon oben und hat dort gemäht. Die *Schulmoasterin* hat ihre Tracht angehabt – man hat ja früher immer in Tracht gearbeitet, in der Arbeitstracht wohlgemerkt. Sie trug einen ganz langen schwarzen Rock mit einem großen blauen Schurz und ein buntes Tüchl um den Hals, ganz „liab" zum Anschauen. Die Zöpfe hat sie als Gretlfrisur um den Kopf gehabt. Viel später, als ich diese Geschichte einmal erzählte, hieß es: „Die Schulmoasterin an Kranz? – Das gibt's doch nicht, eine verheiratete Frau kann doch nicht den Kranz tragen!" Die Haartracht war nämlich genau geregelt: Die unverheirateten Mädchen trugen einen Kranz, die verheirateten Frauen hatten hinten

einen *Satz,* dabei wurden die Zöpfe zu einem Knoten hin- und hergelegt und mit einem Haarspieß festgesteckt. Eine Ledige durfte den Satz nur an dem Tag machen, an dem sie Firm- oder Taufpatin war. So wusste jeder genau, wie er dran war. Genauso übrigens die Männer: die Hüte der Ledigen hatten rote und die der Verheirateten grüne Schnüre. Das war alles bis in die kleinsten Dinge geregelt.
Später bin ich zufällig mit der *Schulmoasterin* noch einmal zusammengekommen, dann hab ich ihr diese Geschichte erzählt. Da hat sie laut gelacht: „Ja, herunten hätt ich mir keinen Kranz machen dürfen, aber mein Mann hat das so gern gesehen, wenn ich die Zöpf so hab – und auf der Alm hat man's gelten lassen."

Die Seiser Alm dürfte wohl eine der größten Almen im gesamten Alpenbogen sein. Von ursprünglicher, unverfälschter Bergbauernkultur ist dort heute allerdings nicht mehr viel zu spüren. Wie kann man sich die Bewirtschaftung der Seiser Alm vor fünfzig, sechzig Jahren vorstellen?

Die Seiser Alm war eine sogenannte Gemeinschaftsalm, auf der jeder Bauer, der dort Mahdrechte hatte, von alters her eine bestimmte Woche zum Mähen hatte. Sechs Wochen im Sommer – das waren die Almwochen. Jede Woche hatte ihren eigenen Namen, die erste ist die Magdalenwoche, weil Magdalena am 22. Juli ist; dann kommt die Jogga-Woche, denn Jakobi ist am 25. Juli; dann die Weerwoche, die vierte heißt Laureni-Woche, weil Lorenz am 10. August ist; die fünfte ist die Unser-Frau-Woche wegen dem Fest Mariä Himmelfahrt, und die letzte war die Bartlmä-Woche, denn Bartholomäus ist am 24. August. Jeder Bauer hat für seine Mahdwoche so viele Leute aufnehmen müssen, wie er eben gebraucht hat, um in dieser einen Woche fertig zu werden. Waren es hoffremde Dienstboten, haben die sich schon bei Dienstantritt eine Woche ausgenommen, in der sie für einen anderen Bauern auf die Seiser Alm gehen konnten. Es war eine durchaus gefragte und beliebte Lohnarbeit. Die Dienstleute mussten so eingeteilt werden, dass jeder Mahder eine Recherin hatte. Die beiden mussten die ganze Woche zusammenarbeiten, und es war dementsprechend wichtig, dass sie gut

Auf der Seiser Alm gegen die Santnerspitze, Südtirol (1941)

zusammenspielten. Wenn eine Recherin nicht gleich schnell war wie der Mahder, dann hat der Mahder mit dem Wetzstein scharf über den Sensenrücken gestrichen. Das hat einen unheimlichen Lärm gemacht, den man weithin hörte, und so haben alle gewusst: Aha, die ist zu langsam gewesen! *Bär au'machn* oder *Hund aufgeign* hat man dieses Wetzen genannt. Wenn die Recherin dann wieder nachgekommen ist, dann hieß es: Jetzt hat sie den Bären geschossen. Diesen Brauch gab es übrigens nicht nur auf der Seiser Alm, er war recht weit verbreitet. Ich hab ihn auch im Lungau und Stubai erlebt.

Das Arbeiten und Leben während dieser Mahdwochen war genau geregelt. Zum Beispiel musste die Recherin dem Mäher *Lecka,* Zuckerln, geben, er wiederum hat beim Nachhausgehen ihr das *Zeggerle* tragen müssen, also die Tasche, in der sie ihre persönlichen Sachen hatte. Am Ende der Woche, da musste er sie heimbegleiten bis zu ihrem Hof, auch wenn der in einem ganz anderen Ort lag als der seine. Während der Mahdwoche aßen der Mahder und seine Recherin immer gemeinsam von einem Teller. Wenn die Mahd schneller beendet war als in der vorgesehenen Woche, dann haben die Dienstleute sozusagen noch Urlaub gehabt auf der Alm, und der Bauer hat sie bis zum Ende der Woche verköstigen müssen. Dafür war die *Häuserin* zuständig, die musste den gesamten „Haushalt" auf der Alm besorgen. Ich selbst habe dort oben auf der Seiser Alm eine ganz besondere Morgenmahlzeit erlebt: Ein in einer großen Pfanne bereitetes Milchmus, auf dem zum Schluss rohe Eier aufgeschlagen, dann mit flammendem Schmalz übergossen wurden, wurde vor die Hüttentür gestellt. „Aso wearn die Gaggellen au'gebachn", sagte die Häuserin.

Das klingt – bei aller Arbeit – nach einer insgesamt doch recht überschaubaren und gefahrlosen Zeit. Es gab aber auch andere Gegenden, wo die Bergmahd weniger harmlos, wo das kostbare Bergheu nur unter großen Mühen und sogar Gefahren zu gewinnen war.

Es gab so steile Bergmähder, dass man nur mit Fußeisen arbeiten konnte, das war natürlich äußerst anstrengend und gefährlich. Eine Bergmahd in Pfelders in Südtirol hatte den Namen „im Scheipp". *Er isch derscheippet,* sagt man nicht umsonst, wenn einer abgestürzt ist. Im Scheipp zu mähen, das war wirklich furchtbar steil. Noch dazu musste das Heu in alter Zeit von dort oben immer heruntergetragen werden. Die Leute sind damals meist bloßfüßig gegangen, weil man so den besten Halt hat. Mir wurde dort in Pfelders erzählt – ich hab's nicht selbst gesehen –, dass einer durch dieses Bloßfüßiggehen auf steinigem Boden eine so harte Haut bekommen hat, dass es ganz komisch geklungen hat, wenn er auf einen Stein trat. Irgendwann kam ihm das selbst recht merkwürdig vor, da bemerkte er, dass er sich einen Schuhnagel in die Fußsohle eingetreten hatte – ohne etwas davon zu spüren.
Später bauten sich die Bauern an diesen steilen Hängen im Scheipp Seilriesen. In Osttirol haben sie mit dieser Technik bereits recht früh begonnen. Man spannte einen dicken Draht. Daran wurden die Heubün-

del mit einem Haken, der mit einer Seilrolle versehen war, eingehängt. So hat man die Heubündel „hinuntergeschossen“, sie sind an diesem Seil tatsächlich sehr schnell talwärts gesaust.
Es gab auch Bergmähder, im Lungau zum Beispiel, die waren so hoch gelegen, dass sie nur alle zwei, drei Jahre einmal gemäht werden konnten. Auch dort konnte nur mit Fußeisen gearbeitet werden, was auf die Dauer natürlich äußerst anstrengend war. Das Gras war teils so kurz, dass es ein Rechen gar nicht mehr greifen konnte. Mit einem Almrosenbesen hat man dieses feine Heu bis auf den letzten Halm zusammengetan. Dort oben gab es auch keine Almhütten mehr, die wären wahrscheinlich gleich im nächsten Winter von den Lawinen weggerissen worden. Für die Zeit der Bergmahd begnügte man sich mit den ursprünglichsten Methoden der menschlichen Behausung: Gruben und Höhlen sind ja die ältesten Unterkünfte der Menschen. Als ich im Jah-

Bergmahd „im Scheipp“, Passeiertal, Südtirol (1941)

re 1939 dort meine Almbegehungen machte, fand ich noch solche Gruben, manchmal sogar wirklich nur eine Grube, auf die ein paar Bretter gelegt waren. Und dann andere, die schon etwas besser waren, da waren Rasenziegel am Rand aufgeschichtet und darüber hatte man Stangen und Schindeln gelegt. *Mankeihüttn* wurden diese Behausungen von den Leuten genannt, weil sie an Murmeltierbauten erinnern. Gekocht hat man am offenen Feuer auf Steinen. Ein gewisser „Luxus" war es da schon, ein eigenes Kochhüttl zu haben mit einem *Stempel* – einem in den Boden geschlagenen, eingekerbten Holzstock, neben dem sich ein hochkant gestellter Stein befand, sodass man den Stiel der Muspfanne zwischen Holzklotz und Stein einklemmen und auf diese Weise ohne eigenes Zutun über dem Feuer halten konnte. Es waren natürlich sehr einfache Mahlzeiten, die man auf diese Weise zubereitete. Manchmal hatten die Leute ein paar Ziegen mit, dann konnten sie sich aus der frischen Ziegenmilch ein Mus oder eine einfache Suppe bereiten. Für diese Menschen war die Mahdzeit wirklich eine äußerst harte Zeit, und viele waren froh, wenn es vorbei war und sie wieder auf den Hof zurückkehren konnten.

Die Rückkehr von der Alm war damals also wirklich ein Grund zur Freude und zum Feiern.

Die Abfahrt von der Alm, das war eine Festlichkeit! Man war einfach froh und dankbar, wenn die Zeit auf der Alm ohne Unglück für Mensch und Tier zu Ende ging. Da wurde schon am Vorabend des Aufbruchs alles fleißig hergerichtet für das Aufkranzen des Viehs: Zirbenäste mit bunten Bändern und kleinen geschnitzten Figuren. Aber weil der Weg ins Tal oft weit war, wurde das Vieh nicht schon auf der Alm aufgekranzt. Vom Karwendel zurück ins Inntal zum Beispiel waren die Almleute teils zwei Tage am Weg. Erst beim letzten Wegdrittel wurde dann aufgekranzt. Die Tiere haben sich wie toll gebärdet, weil sie es nicht ge-

Heimwärts von der Alm, Brixental, Tirol (1948)

wohnt waren. Es war ein lautes, wildes Treiben. Wenn sie sich dann endlich beruhigt hatten, konnte sich der Zug in Bewegung setzen. Beim Einzug ins Dorf sind die Leute von überall her aus ihren Häusern herausgekommen und haben geschaut, ob das Vieh schön *leibig* zurückkam. Vielfach war es so, dass beim Aus-der-Alm-Fahren vom letzten Rahm ein kleines Gebäck gemacht wurde, so kleine schmalzgebackene Kügelchen, die wurden dann beim Einzug ins Dorf an die Umstehenden verteilt. Wenn dann alle wohlbehalten am heimatlichen Hof angekommen sind, gab es eine besonders gute Jause. Die Kinder haben einen Butterstucken gekriegt, ein großes Butterbrot. Das waren damals Besonderheiten! Man ist beisammengesessen, hat erzählt, vielleicht auch gemeinsam gesungen. So wurden oft die großen Gemeinschaftsarbeiten mit kleinen Festen beendet, die direkt aus der gemeinsamen Tätigkeit erwachsen sind. Nach dem Dreschen etwa oder nach dem Flachsbrecheln im Herbst, da wurde gesungen und getanzt. Wie hat einmal ein alter Bauer im Rückblick gesagt: „Mir ham gwiss hart g'arbeitet, aber es is allm a Gaudi dabei g'wen."

Nun sind wir mit unserem Gang durchs Bauernjahr schon am Ende des Sommers angekommen. Wann und wie wurde eigentlich die Ernte der im Frühjahr so mühsam bestellten Getreideäcker eingebracht?

Ja, das Getreide, das *Troad,* wurde meistens vor der Grummetmahd der Heimwiesen geschnitten, hauptsächlich mit der Sichel. Es hat auch Bauern gegeben, die mit der Sense das Getreide gemäht haben, das war aber seltener. Die Getreidegarben wurden mit Strohbändern zusammengebunden und zu Mandln zum Trocknen zusammengestellt. Dazu benutzte man die gleichen Holzpfähle wie fürs Trocknen des Heus. Es ist ja auch ganz interessant, wie unterschiedlich diese Pfähle in den verschiedenen Gegenden heißen. *Stifler* nennt man sie im Stubai und in

Die Sennin der Kaserstattalm, Stubai, Tirol (1951)
Nächste Doppelseite: Bergheuschober im Gebiet der Starkenburger Hütte, Stubai, Tirol (1943)

der Innsbrucker Gegend, *Stanggger* im Sellrain, *Hiefler* sagen sie in der Steiermark, *Raggler* in Sexten, *Garggen* im Passeier, und im Oberinntal sind es die *Hoanzn.*

In Osttirol war es wieder anders, da hat man das Getreide zum Nachreifen in die *Harpfen* gehängt, das sind große Trockengestelle mit Querstangen, die man natürlich auch für das Heu benutzte. Die Kinder haben auf den abgeernteten Äckern noch die letzten übrig gebliebenen Ähren zusammengeklaubt, denn es durfte nichts verloren gehen. Wer das dickste Ährenbüschel zusammenbrachte, bekam zu Weihnachten den größten Zelten. Wenn das Getreide genügend trocken war, wurde es in die Scheunen getragen. Gedroschen wurde dann meist erst im Spätherbst, nach Allerheiligen.

Das Dreschen war eine sehr staubige, sehr anstrengende Arbeit, zu der man gerne auch hoffremde Leute bat, damit es schneller voranging. Beim Schlagen mit den Dreschflegeln war es wichtig, genau den Takt zu halten, der wiederum von der Anzahl der Drescher abhängig ist. Das Dreschen war übrigens eine der ersten Arbeiten, wo die Maschine die Handarbeit ersetzte. Wenn dann die Spreu vom Weizen getrennt war, wurde das Getreide entweder in Truhen oder in Säcken gelagert, bis es zum Mahlen in die Mühle gebracht wurde. Oft hatten mehrere Höfe gemeinsam eine Mühle, die mit Wasserkraft betrieben wurde.

Sie erwähnten die Kinder, die die letzten Ähren auf den Äckern einsammelten. Wie sah das Leben der Kinder auf den Bergbauernhöfen aus?

Am Bauernhof war für Jung und Alt immer etwas zu tun, da hatte jeder seine Aufgabe. Schon von klein auf sind die Kinder in die Arbeit hineingewachsen. Man wies ihnen einfache Aufgaben an und traute ihnen auch manches zu. Die Kleinen haben ihr eigenes kleines Körbl zum Tragen bekommen, sie durften die Hennen füttern und haben einfach überall im Haus mitgetan. Es ist ganz erstaunlich, welche Verantwor-

Getreideschnitt mit der Sichel, Neustift, Stubaital, Tirol (1943)

tung teilweise schon neun-, zehnjährige Kinder übernommen haben – und gern! So sind die Kinder ganz selbstverständlich mit der Arbeit groß geworden und haben sich ganz mit ihrer *Sach* verbunden. Ich werde nicht vergessen, wie mich ein kleines Bübl im Tuxer Tal eines Tages in kindlichem Ernst fragte, wie viel Stück Vieh ich denn daheim hätte. „Kein einziges", musste ich gestehen. „Wie viel Acker?", wollte es dann wissen. Wieder musste ich mit dem Kopf schütteln und ihm erklären, dass ich weder Wiesen noch Äcker besäße. Da hat es mich ganz ungläubig angeschaut und ein wenig mitleidig gefragt: „Ja, was habt's denn ös nacha?" – So selbstverständlich war dem Buben das bäuerliche Denken, dass er sich gar nicht vorstellen konnte, wie man ohne Vieh und ohne Acker sein Auskommen finden könne.
Ähnlich wie für die Kinder gibt es auf dem Bauernhof auch für die Alten immer noch eine sinnvolle Tätigkeit zu verrichten, angefangen vom

Beim Hennenfüttern, Going, Tirol (1946)

Hansl darf schon mit den Ochsen fahren, Zederhaustal, Salzburg (1939)

Nachrechen beim Heuen übers Ästesäubern beim Zaunringemachen bis hin zu vielen anderen Arbeiten, die ganz selbstverständlich getan werden müssen. Als überflüssig musste sich da niemand fühlen. „Nix tuan und af'n Tod herpassn, wär a koan Arbat net", meinte einmal eine Osttiroler Altbäuerin, als ich ihre Tatkraft im hohen Alter bewunderte.

Im Film „Vom Leben am Steilhang" sind einige beeindruckende Passagen zu sehen, wo die Männer hoch in den Wipfeln die Äste der Bäume abhacken. Zu welchem Zweck tat man das?

Das *Schnoatn* hat man in manchen Regionen – besonders im Lungau und im Pustertal – im Herbst gemacht, um Streu zu gewinnen. In den Bergbauerngebieten wurde früher besonders viel Streu gebraucht, weil die Tiere ja den ganzen langen Winter über im Stall stehen mussten.

Früher waren Laufställe üblich, da waren die Tiere also nicht angebunden wie heute meistens; diese Laufställe werden jetzt übrigens wieder modern. Allerdings gab es früher keine Gitterroste wie heute, wo der Mist automatisch durchfällt, sondern man hat nur selten ausgemistet, in Extremfällen gar nur ein- oder zweimal im Jahr. Deswegen wurde sehr viel Streu zum immer neu Aufstreuen gebraucht. Nun gab es aber wenig Stroh, weil der Ertrag vom Ackerbau immer gering war und weil man dieses wenige Stroh ja für die Strohsäcke, auf denen man schlief, gebraucht hatte. Stattdessen hat man eben Aststreu genommen, und die hat man mit dem *Schnoatn* gewonnen. Die Männer sind mit speziellen Steigeisen auf die Bäume gestiegen, bis in die höchsten Wipfel, hauptsächlich der Fichten, und haben die Äste heruntergehackt. Wenn dann der Wipfel fiel, haben die Burschen oft einen ganz eigenen *Almschroa* gerufen.
Die Frauen und Mädchen mussten unten die abgeschnittenen Äste zusammenziehen und fein aufhacken. Diese Aststreu wurde dann in die Ställe gebracht. Das *Schnoatn* selbst war eine ausgesprochene Männerarbeit und erforderte viel Schneid und Geschick. Wie hat einmal ein alter Bauer aus dem Zederhaustal gesagt: „Mir habn koa Disko gebraucht, früher. Die Dirndl habn so gsehn, welches der schneidigste Taxenschnoater is, und mir ham gsehn, welche Dirndln am schnellsten arbeiten."

Wurden die Bäume durch dieses Schnaiteln nicht auf Dauer kaputt gemacht?

In Gebieten, wo viel geschnaitelt wurde, hat man schon große Schäden an den Beständen angerichtet. Oft handelte es sich aber auch um Bäume, die dann im Frühjahr ohnehin geschlägert wurden. Nur in diesen Fällen hat man auch die Wipfel abgehackt. Sonst ist er am Baum geblieben, sodass der Baum weiterwachsen konnte. Ungefähr nach zehn Jahren konnte ein solcher Baum neuerlich geschnaitelt werden.

Beim „Schnoatn", Zederhaus, Salzburg (1939)

Man fragt sich natürlich, warum sie auf den Baum stiegen und nicht zuerst den Baum schlugen, um die Äste zu verwerten. Da hätten sie dann nicht gar so mutig sein müssen.

Ja, das hab ich mich auch oft gefragt. Aber es ist tatsächlich so, dass die einzelnen Äste am Baum leichter abgehackt werden können, als wenn die ganzen Baumstämme schon am Boden liegen und alles ein wildes Durcheinander ist.

Noch einmal zurück zu den Almen: Wann wurde das wertvolle Bergheu zu den Höfen hinabgebracht?

Das Heu wurde zunächst auf den Almen in Stadeln und Tristen, auch Schober genannt, gelagert und erst im Herbst oder Winter heimgeholt. Die Tristen machte man hoch droben, wo keine Stadeln mehr standen. Dazu wurde das Heu um eine Stange herum kegelförmig aufgestapelt. Nur die Spitze schaute noch heraus. Obendrauf wurde ein Stück Wasen oder Lärchenrinde gegeben, damit das Regenwasser nicht eindringen konnte.
Wenn es irgendwie ging, holte man das Heu erst im Winter herunter, weil die schweren Heulasten auf gefrorenem Boden und im Schnee viel leichter zu ziehen waren als auf aperem Boden. Das war natürlich nicht überall möglich, und so mussten diese Tristen im Herbst zumindest an lawinensichere Stellen gebracht oder noch vor dem ersten großen Schnee nach Hause geholt werden.
Gleich zu Beginn meiner Zeit im Stubai wurde ich einmal gefragt, ob ich wüsste, was eine *Ferggl* sei. Natürlich dachte ich an ein junges Schwein. Da haben sie gelacht und gesagt: „Nein, bei uns ist eine *Ferggl* ein Gerät zum Heutragen.“ Und zwar sind das zwei Gabelhölzer, die mit Seilen verbunden sind. Diese beiden Holzrahmen werden auf dem Boden aufgelegt, dann fasst man das Heu auf, legt das zweite Holz darüber und zieht die Spitzen der Rahmen mit einem Seil fest zusammen

Bergheutriste im Lungau, Salzburg (1939)

Zederhauser Bergheuträger im Murtal, Lungau (1939)

und verknüpft es. Im einen Rahmen sind *Widn* eingearbeitet, gedrehte Birkenäste – die hat man früher sehr oft statt Leder verwendet. Da konnte man hineinschlüpfen und die ganze *Ferggl* wie einen Rucksack tragen. So hat nahezu jede Talschaft ihre eigene Technik und eigene Bezeichnungen der Geräte gehabt.
Aus lawinengefährdeten Gebieten musste man das Heu schon bei aperem Boden mit einem leichten Schlitten heimholen. Das war sehr mühsam. Wenn es flach war, musste man ordentlich ziehen, wenn es steiler hinunterging, war es schwierig zu bremsen. Dazu gab es eigens einen massiven Stecken, der an der Spitze mit Eisen beschlagen war. Ist dann auch noch eine Gegensteigung gekommen, dann musste die ganze Ladung samt Schlitten auf die Schultern genommen und getragen werden. Zu diesem Zweck hatte man schon beim Fassen ein „Kopfloch" auf der Unterseite des Heubocks gemacht. Das waren unglaubliche Lasten von meist mehr als zwei Zentnern, die die Männer da auf Kopf und Schultern trugen! Im Jahr 1943 haben elf Tuxer Bauern auf diese Art und Weise 63.000 Kilo Heu ins Tal gebracht.

Sie sagen, das meiste Heu wurde erst im Winter ins Tal gebracht. Wie hat man das gemacht?

Man möchte es zunächst gar nicht glauben, aber für die Bauern waren die ganz schneearmen Winter tatsächlich eine schlechte Zeit, weil sie dann weder Heu noch Holz zum Hof bringen konnten. Der Schnee hat das Heuziehen sehr erleichtert – aber natürlich auch wieder gefährlicher gemacht. Nicht umsonst erinnern viele Marterln an Unfälle in diesem Zusammenhang. Die Bauern mussten sehr früh, so gegen drei, vier Uhr am Morgen, im Schein der Laternen aufbrechen, damit sie wieder zurück waren, noch ehe die Hänge durch Lawinen „lebendig" wurden. Teils ist man mit *Harscht-Roafn,* einer Art Schneeschuhen, gegangen. Bereits im Aufstieg oder schon am Vortag schöpfte man aus dem Schnee eine *Riese* aus, das war eine Gleitbahn für die Lasten. Meistens

Bergheuträger vom Junsberg heraus, Tuxer Tal, Tirol (1943)

sind mehrere Männer aus der Dorfgemeinschaft zusammen gegangen, alleine hätte man ja nicht viel ausrichten können. Das Heu wurde auf verschiedene Geräte, manchmal nur auf Äste und Zweige aufgeladen, zu riesigen Bündeln von oft mehr als 300 Kilogramm zusammengefasst und sehr fest gebunden. Auch beim Heuziehen gibt es in den verschiedenen Gegenden wieder recht unterschiedliche Namen und spezielle alte Arbeitsweisen. Im Stubai hatte man die sogenannten *Anzen*, die Last selbst wurde *Tasch* genannt. Der Heuzieher steht dann vor seiner *Tasch* und zieht mit ihr los. Geht es abwärts, lässt er sich von dieser Mordslast im Rücken schieben, während er mit den Füßen lenkt und bremst. So geht es zwischen Felsen und Latschen hinab. Man muss sich erst einmal vorstellen, wie dieses riesige Gewicht schiebt – es war oftmals eine sehr gefährliche Fahrt!

Das klingt tatsächlich alles sehr abenteuerlich, dabei hätte ich erwartet, dass mit dem Winter nun auch bei den Bergbauern eine eher „stade" Zeit beginnt.

Na ja, es war schon eine ruhigere Zeit, auch wenn den Bauern die Arbeit nie ausgegangen ist. Das Heuziehen wurde ja oft in der Gemeinschaft verrichtet, und in dieser Gemeinschaft wurde auch der restliche Tag verbracht. Aus der Zoponitzen im Murtal wurde zum Beispiel gemeinsam zuerst das Heu eines Bauern, dann vom nächsten und vom dritten und so fort eingebracht – bis eben alles unten war. An jedem Tag wurden die Heuzieher auf einem anderen Hof verköstigt, je nachdem für wen sie gerade arbeiteten. Zu Mittag war man schon wieder herunten, weil die Lawinengefahr dann oft am größten war. Nach dem gemeinsamen Essen war für die Männer sozusagen Feierabend. Die einen haben sich auf den Ofen zum Schlafen gelegt, die andern zusammen Karten gespielt. Die Frauen saßen beim Spinnen. Das war schon auch eine gemütliche Zeit. Es gab ja weder Radio noch Fernsehen, da hat man sich die Zeit mit Spielen, Singen und Geschichtenerzählen vertrieben. In vielen Tälern gibt es von daher noch einen sehr lebendigen Sagenschatz.

Heuziehen von der Junsalm, Tuxer Tal, Tirol (1943)

Sie beschreiben das Leben und Arbeiten der Bergbauern als ein Im-Einklang-Sein mit sich selbst und mit der Natur. Vieles, was Sie vom Tages-, Jahres- und Lebensrhythmus der Bergbauern aus dieser Zeit überliefern, klingt für uns heute fast gleichnishaft. Alles schien seine Zeit und seinen Sinn zu haben. Die endlose Spirale des Schneller, Höher, Weiter schien diesen Menschen fremd gewesen zu sein. Können wir heute gerade in dieser Hinsicht von den Bergbauern lernen?

Ja, ich glaube schon! In der Bergbauernarbeit hatte jede noch so große Anstrengung ihren Sinn. Sie musste getan werden, wenn Mensch und Vieh das zum Leben Notwendige erhalten sollten. Die heute viel gerühmte und zu Recht geforderte Nachhaltigkeit im Wirtschaften, die haben die Bauern jahrhundertelang wie selbstverständlich gepflegt, sonst hätten sie gar nicht überleben können. Dabei haben sie auch auf die ihnen anvertraute Natur geachtet. Der Bauer hat aber auch genau

gewusst, dass er seine Arbeit ein Leben lang verrichten muss und sich nicht in ein paar Jahren verausgaben darf. „Anhaben, nit schindn" war ein wichtiger Grundsatz bäuerlicher Arbeitsgesinnung.
Leider hat sich auch in der Landwirtschaft diesbezüglich sehr viel verändert. Ich habe diese „Nachhaltigkeit" in meinem Buch „Bauernwerk in den Bergen" (Seite 127) darzustellen versucht, das möchte ich an dieser Stelle gerne zitieren: „Der Bauer weiß, dass jede Arbeit ihre eigene Zeit hat, auf die die lange, notwendige Pause des Wartens und Wachsens folgen muss. Wenn der Same im Boden ist, kann der Bauer sein Wachsen und Reifen nicht beschleunigen oder erzwingen, sondern er muss warten; es gibt für ihn nur ein Pflegen und Behüten der Saat. So ist *Ruhe* der andere, stillere Teil, der notwendig und ganz selbstverständlich zu jeder Arbeit dazugehört. Viele in der Stadt wollen alles errennen, die auf dem Land müssen alles *erwarten* ... darin liegt vielleicht *auch* ein Geheimnis der bäuerlichen Kraft."

Haben Sie eigentlich jemals selbst überlegt, Bäuerin zu werden?

Nein. Ich bin auch nie in die Situation gekommen, mir das zu überlegen. *(Lachen)*

Ihr letztes, 2007 erschienenes Buch, das Sie gemeinsam mit Ihrer Tochter verfasst haben, heißt „Auf den zweiten Blick. Menschen, Höfe und Landschaften im Wandel", wir kommen später noch darauf zurück. Sie verknüpfen als Zeitzeugin Eindrücke, Erlebnisse und Dokumente aus zwei Jahrhunderten und stehen doch mit wachem Blick und klarem Verstand ganz in der Gegenwart – eine seltene Gabe. Wenn Sie heute auf jene Zeit bei den Bergbauern vor etwa siebzig Jahren zurückblicken, wie erleben und empfinden Sie persönlich den Wandel?

Es ist wirklich eine ganz, ganz andere Welt gewesen. Ein Bauer aus dem Stubaital hat das ganz treffend ausgedrückt: „Vom Baujoch zum Inter-

Am Heimweg, Neustift im Stubaital (1943)

net – es hat noch keine Zeit gegeben mit so vielen Veränderungen.“ Damals war es eine Welt, in der nicht Hast und Tempo, Zahlen und Maschinen regiert haben, sondern in der die Natur und ihre Gesetze wirklich sehr großen Stellenwert hatten. Auch die Menschen waren anders, sie hatten mehr Zeit füreinander. Ich meine, es war ein viel stärkeres Zusammenleben, schon allein durch die Arbeit. Die Arbeit war sehr hart, das würde sich sicher keiner mehr zurückwünschen, aber trotzdem waren die Menschen oft fröhlicher und zufriedener als die Heutigen, sie haben mehr in sich selbst geruht. Ein alter Bauer von einem kleinen Hof in der Kitzbüheler Gegend hat einmal gesagt: „Arm is ja nit, der wenig hat, sondern der nia g'nuag kriagt.“ Diese Zufriedenheit fehlt den Menschen heute oft.

AUF ZU NEUEN UFERN: REISEN, AUSSTELLUNGEN UND EIN VERLAG

„Nur wer bereit zu Aufbruch ist und Reise …

… mag lähmender Gewöhnung sich entraffen", heißt es in einem Gedicht von Hermann Hesse. Als Sie im Jahre 1978 nach 38 Dienstjahren die Schule hinter sich ließen, waren Sie bereit für einen Aufbruch in einen neuen Lebensabschnitt. Die Pensionierung eröffnete Ihnen neue Freiheiten, die Sie auf mehreren großen Reisen nun für eine „persönliche Lektion in angewandter Geografie" nutzten. Wie kam es dazu?

Als Geografielehrerin habe ich 38 Jahre lang über alle Länder dieser Erde unterrichten müssen, ohne je selbst jenseits von Europa gewesen zu sein. Da dachte ich mir: Jetzt ist es Zeit, jetzt möchte ich auch ein bisschen was von der Welt sehen. Meine Tochter und ich, wir haben die Schule sozusagen im gleichen Jahr verlassen, sie mit der Matura, ich mit der Pension. So konnten wir gemeinsam mit dem Reisen beginnen.

Was war dann Ihre erste große gemeinsame Reise?

1979 waren wir gemeinsam in Südafrika. Das hatte sich ganz zufällig durch eine Reisebekanntschaft ergeben. Zwei Jahre zuvor waren wir gemeinsam mit dem Zug nach Paris gefahren und hatten auf der Rück-

Robert Wührer

Frau Oberstudienrat Prof. Dr. Erika Hubatschek

Mit Ende des Wintersemesters 1978 schied Frau Oberstudienrat Prof. Dr. Erika Hubatschek aus dem Lehrkörper unserer Schule aus und trat in den Ruhestand.
Fast 38 Jahre gehörte sie dieser Anstalt an und leistete für ihre Fächer Geographie und Leibesübungen Pionierarbeit.
Immer demonstrierte sie das, was alle Kollegen und Schüler anerkannten und schätzten: ihre tolerante Lebenshaltung, ohne deshalb ihren eigenen grundfesten Standpunkt zu verleugnen, ihre beinahe mütterliche Sorge um jedes einzelne Kind, ohne dabei selbst auf Ausdauer und sportliche Härte zu verzichten, ihr hohes Maß an Verantwortung bei der Führung ihrer Klassen sowie ihr strenges Pflichtbewußtsein sich selbst und der Schule gegenüber. Dazu gesellten sich eine natürliche Musikalität und eine spielerische Begabung, die es ihr auf Schilagern ermöglichten, Mädchen und Lehrer mitzureißen und zu faszinieren.
Es gäbe genügend Beispiele, wie sie ihre Werte vorlebte und doch nie doktrinär auf ihre Umwelt wirkte. Ich verweise nur auf den September 1977, als Erika Hubatschek mit 60 Jahren im Kreise jüngster Kollegen nicht darauf verzichten wollte, den Gipfel des Peitlerkofels in den Dolomiten mitzuerstürmen. Wie bei jeder Begegnung mit ihr bewunderte man stets ihre durch das ständige Naturerlebnis geprägte Natürlichkeit und Offenheit.
Frau OSTR. Prof. Dr. Erika Hubatschek hat in der Pension nicht aufgehört, zu arbeiten und zu wirken. Nun hat sie wieder Zeit, sich ihrer wissenschaftlichen Aufgabe, der Behandlung der Bergbauern als Gestalter der Landschaft, zuzuwenden. Auch für unsere Schule ist sie nach wie vor im Einsatz. Wer am Samstag nach der vierten Stunde durch die Aula unseres Schulgebäudes schreitet, kann ihre Vitalität bewundern, wenn sie unserer Volkstanzgruppe mit der Ziehharmonika zum Tanze aufspielt.
Als letztes möchte ich nicht vergessen zu erwähnen, daß es besonders die Schüler waren, die sie aufrichtig und treu verehrten. Gerade diese Verehrung beweist, daß unsere Schüler sehr wohl das schätzen und achten, was Frau OSTR. Prof. Dr. Erika Hubatschek ihnen vorlebte.

Zur Verabschiedung in den Ruhestand, aus dem Jahresbericht der Schule

fahrt eine sehr nette und interessante 86-jährige Dame kennengelernt. Sie war eine Deutsche, die seit vielen Jahren in Südafrika lebte und auf dieser Reise ihre Freunde und Verwandten in Europa noch einmal besuchen wollte. Wir unterhielten uns sehr nett, und beim Abschied lud ich sie ein, am Ende ihrer Europatour doch bei uns in Innsbruck vorbeizukommen. Sie antwortete prompt: „Ja, wenn Sie zu mir nach Südafrika kommen!“ – So ergab sich unsere erste große Auslandsreise. Wir flogen nach Johannesburg und haben dann insgesamt sechs erlebnisreiche Wochen in Südafrika verbracht. Es hat uns so gut gefallen, dass wir 1985 sogar noch einmal dorthin gereist sind und auch Namibia mit seiner Küstenwüste besucht haben.

Haben Sie vorher in Ihrer Zeit als Lehrerin nie Urlaub gemacht?

Früher ist man eigentlich nicht in Urlaub gefahren, man war ja lange nicht so mobil. Ich hab klein angefangen. Meine erste eigene Autofahrt, die war im Jahr 1963.

Hatten Sie damals schon den Führerschein und ein eigenes Auto?

Auch das hat sich wieder durch Zufall ergeben. Im Jahr 1963 hatte die Firma Leitgeb, eine große Faserplattenfabrik in Völkermarkt, zum 75-jährigen Firmenjubiläum eine Stiftung gegründet, durch die ein Preis ausgeschrieben wurde für eine wissenschaftliche Arbeit über den Bezirk Völkermarkt gleich welchen Themas. Von der Universität Innsbruck hat sich merkwürdigerweise niemand gemeldet. Nun hatte ich für die Kärntner Landesplanung im Jahr 1953 4000 Bauernhöfe im Bezirk Völkermarkt untersucht. Diese Arbeit war der Familie Leitgeb bekannt und lag auch bei der Landesregierung vor. So kam es, dass ich persönlich eingeladen wurde, diese Arbeit einzureichen. Das tat ich dann auch, die Arbeit wurde für gut befunden, und ich habe 15.000 Schilling Preisgeld bekommen – das war damals viel Geld.
Mit diesen 15.000 Schilling hab ich den Führerschein gemacht und ein altes Auto gekauft. Das war in den sechziger Jahren schon etwas Besonderes, ein eigenes Auto zu haben. Meine erste größere Fahrt führte ins Burgenland, unser erster Urlaub war dann im Jahr 1969 am Millstätter See.

Während dieses Ferienaufenthalts bekam ich einen Anruf von Frau Dr. Felkel – einer sehr lieben, eigentlich meiner liebsten Kollegin. Ob ich nicht auf eine wissenschaftliche Exkursion nach Lappland mitfahren wolle? Es wäre kurzfristig noch ein Platz frei. Da habe ich kurzentschlossen zugesagt. So bin ich im Jahr 1969 nach Lappland gekommen.

War Ihre Tochter da auch mit dabei?

Nein, die ist in Innsbruck bei meiner Mutter geblieben. Drei Jahre später bin ich dann mit ihr zum ersten Mal nach Korsika gefahren. Lustigerweise bin ich deshalb auf Korsika gekommen, weil eine meiner Schülerinnen nach den Sommerferien so nett davon berichtet hatte, dass ich mir dachte, das wäre doch auch etwas für Irmtraud und mich. Und so war es auch: Wir sind dann jedes Jahr nach Korsika gefahren und haben dort sehr viele Bergtouren gemacht. Es ist eine wunderbare Insel. Ein Sommer ohne Korsika wäre ganz unvorstellbar gewesen für uns. Meine Tochter – sie ist Cellistin – lebt heute auf Korsika.

Wie ist es mit Ihren großen Reisen dann weitergegangen?

1988 sind meine Tochter und ich in den Jemen gereist. Zwei Frauen allein mit Rucksack in den Jemen – da haben die Leute schon den Kopf geschüttelt und uns gefragt, ob wir verrückt geworden wären. Es war ja erst seit kurzem möglich, über-

Beim Schi fahren in der Axamer Lizum (1976)

Am Gipfel des Monte Rotondo, Korsika (1977)

haupt dorthin zu reisen. Als wir in Sanaa um Mitternacht ankamen, war irgendetwas mit unserer Zimmerreservierung schiefgegangen. Dadurch durften wir in unseren Schlafsäcken im obersten Geschoss schlafen, in einem Bereich, der sonst den Männern vorbehalten ist. Von dort oben hatte man einen herrlichen Blick auf Sanaa, und erst der Sonnenaufgang am nächsten Morgen – das waren einfach unvergessliche Erlebnisse!

War es für Sie auf diesen Reisen nicht auch besonders interessant zu sehen, wie anderswo die Bauern leben und arbeiten?

Natürlich, das war sehr spannend. Und das geht nur, wenn man alleine reist, ohne Reisegesellschaft und organisierte Besichtigungstouren. Wir haben wirklich die Menschen kennengelernt, wurden zum Beispiel im Jemen von Bauersfamilien zu ihnen nach Hause eingeladen und konnten uns ein Bild von ihrem Leben machen. Auch ihre landwirtschaftlichen Geräte und Arbeitsweisen waren für mich sehr interessant.

Eigenartig ist übrigens, dass im Jemen die Frauen Hosen anhaben und die Männer Röcke.
Ganz besonders eindrucksvoll war Nepal, wo bei den Bauern heute noch vieles sehr ähnlich ist wie bei uns vor siebzig Jahren.

Wann waren Sie in Nepal?

Das war 1989. Da haben mich die Leute wieder vorher gewarnt, ich solle bloß nicht zu weit hinaufgehen mit meinen 72 Jahren, ich könnte doch höhenkrank werden und mir würde weiß Gott was passieren. Wir haben uns ein paar Tage in Kathmandu aufgehalten, dort sind wir lustigerweise zufällig Professor Heuberger aus Innsbruck und seiner Frau begegnet, mit denen ich in den dreißiger Jahren studiert hatte. Anschließend sind wir mit einem Sherpa und einem Träger zu einer mehrtägigen Trekkingtour in die Region Lamtang aufgebrochen, während der ich zum ersten Mal in meinem Leben über 4000 Meter hinaufgestiegen bin, übrigens ohne die vorausgesagten Beschwerden. Wir haben sogar noch einen 4400 Meter hohen Gipfel bestiegen, ohne große Schwierigkeiten. Neben den Sieben- und Achttausendern dort nehmen sich die Viertausender ja wie sehr steile Grasmugel aus.
Für mich war es natürlich äußerst interessant zu sehen, wie die Menschen dort leben, in diesen Höhen. In einem Dorf in 3700 Meter Höhe

Im Jemen (1988)

Zusammen mit Karma Sherpa im Lamtang (1989)

gab es zum Beispiel Kartoffeln, die schmeckten so gut wie selten. Dort konnte ich auch einen Bauern beim Pflügen beobachten. Er musste die Ochsen vor sich her aufs Feld treiben und den Pflug selbst tragen, weil nur ein steiler, schmaler Steig auf seinen Acker führte. In Nepal wird heute noch so viel getragen wie früher bei uns. Die Nepali haben ganz eigene, wunderbar geflochtene Tragkörbe, wahre Kunstwerke. Die Yak-Almen und die Holzhäuser, all das hat mich schon sehr an die Almwirtschaft bei uns in den Alpen erinnert.

Dann lassen sich also zwischen den Arbeitsweisen der Bergbauern im Nepal von heute und der Bergbauern bei uns vor 60, 70 Jahren Parallelen erkennen?

Da gibt es natürlich sehr, sehr viele Parallelen. Die Münchner Hochschulprofessorin Dr. Patricia East hat zu diesem Thema sogar einmal eine Fotoausstellung gemacht. Sie hat Bilder aus Nepal von heute gemeinsam mit einigen Bildern von mir aus den dreißiger und vierziger

Jahren gezeigt. Ich habe die Ausstellung selbst nicht gesehen, aber sie hat mir berichtet, dass man manchmal nicht unterscheiden konnte, ob die Aufnahmen in den vierziger Jahren in Österreich oder im heutigen Nepal entstanden sind. So ähnlich sind die Dinge!

Haben Sie nach Nepal noch weitere Reisen gemacht?

Ja, wir haben eigentlich fast jedes Jahr eine größere Reise unternommen. 1990 waren wir in den USA, und zwar im Südwesten. 1992 besuchten wir Japan, das war von der Kultur her hochinteressant und sprachlich am schwierigsten von allen Reisen, und 1994 – da war ich immerhin schon 76 – sind wir nach Neuseeland geflogen.

In Japan (1992)

Sie erwähnten eben die Fotoausstellung über Nepal. Ihre Bilder wurden in vielen Ausstellungen im In- und Ausland gezeigt. Wann haben Sie damit begonnen, Ausstellungen zu machen?

Das hat sich auch wieder – wie so vieles in meinem Leben – ganz zufällig ergeben. Im Jahr 1992 wurde ich eingeladen, auf einem Symposium im Ultental ein Referat zum Thema „traditionelle Streugewinnung" zu halten. Im Rahmen dieses Referats habe ich natürlich auch einige meiner historischen Aufnahmen gezeigt. Doktor de Rachewiltz, der damalige Leiter dieses Symposiums und heutige Direktor des Museums Schloss Tirol bei Meran, lud mich anschließend ein, diese und andere Bilddokumente in seiner unterhalb von Schloss Tirol gelegenen Brunnenburg auszustellen. Ich habe zugesagt,und das war meine erste Ausstellung. Die zwölf Tafeln, die ich damals zu diesem Zweck anfertigen ließ, sind der Ursprung aller meiner weiteren Ausstellungen, und einige davon sind erst in den letzten Tagen von meiner diesjährigen dreimonatigen Ausstellung in Berlin zurückgekehrt. Als ich die Bilder aufnahm, hätte ich ja nie gedacht, dass sich einmal so viele Menschen dafür interessieren könnten.

Mittlerweile haben sich sehr, sehr viele Menschen dafür interessiert, und Ihr fotografisches Werk wird hoch geschätzt, das zeigt nicht zuletzt die Tatsache, dass Sie 1999 eine Einladung bekamen, in der renommierten Leica Gallery in New York auszustellen.

Ja, das war schon etwas Besonderes, eine wirkliche Auszeichnung. Aber ich war auch schon 1995 und 1996 zu Vorträgen und Ausstellungen in den USA eingeladen, allerdings in kleinerem Rahmen, in Universitäten und Museen. Meine Tochter und ich haben das immer mit Reisen verbunden. 1999 sind wir nach drei bitterkalten Tagen bei –20 Grad in New York nach Hawaii geflogen – da hatten wir innerhalb von 24 Stunden einen Temperaturunterschied von 40 Grad und mehr.

Capturing The Genius Loci

Two Austrian photographers have produced stunning images of entirely different worlds: while Erika Hubatschek has documented the work of the high mountain farming communities in the Alps, Franz Hubmann has immortalized the coffee-and-smoke-laden atmosphere of the Café Hawelka in his images. For the first time, Leica Gallery will present both artists in New York.

Über die Ausstellung in der Leica Gallery, New York

Solche Klimawechsel muss man erst einmal verkraften.

Ja, das hat mir nichts gemacht. Auch die ganze Zeitverschiebung – da hab ich eigentlich nie Schwierigkeiten gehabt. Vielleicht bin ich ja tatsächlich widerstandsfähiger durch meine vielen Touren und Aufenthalte in den Bergen. Ich war gottlob mein ganzes Leben lang immer sehr gesund und bin es eigentlich immer noch.

Kann sein. Es mag aber auch sein, dass Selbstdisziplin und Willensstärke eine nicht unwesentliche Rolle spielen in Ihrem Leben.

Ja, vielleicht. Mir ist zum Beispiel nie zu kalt und nie zu heiß. Dabei ist es mir oft so gegangen, dass ich mir dachte: „Was, kalt? – Ach wo, mir ist doch nicht kalt, mir kann doch gar nicht kalt sein." Mit ein bisschen Willen und einer gewissen Selbstsuggestion ist schon einiges möglich. Da fällt mir gerade ein Spruch ein – mein Vater hatte bei uns zu Hause in Bruck an der Mur im Stiegenhaus immer einige ihm wichtige Leitsätze aufgehängt: „Wer mit dem Leben spielt, kommt nie zurecht. Wer sich nicht selbst befiehlt, bleibt immer ein Knecht." So etwas begleitet einen schon.

Zurück zu Ihren Bildern: In New York wurde Ihr fotografisches Werk als eine bis dato nicht bekannte „human alpine photography" gerühmt. In einer Rezension Ihres fotografischen Werkes steht zu Recht: „Mit ihrer Arbeit bewegt sich Erika Hubatschek in dem Gebiet, in dem sich Wissenschaft und Kunst überschneiden." Worin, glauben Sie selbst, liegt das Geheimnis Ihrer Fotokunst?

Das ist selbst schwer zu beurteilen. Ich kann nur immer wieder betonen, dass meine Aufnahmen eigentlich ohne jegliche Absicht entstanden sind. Vielleicht ist es den Bildern zugutegekommen, dass ich wirklich überall dabei war und selbst mitgearbeitet habe, nicht nur beobachtet und fotografiert. Man hat dann eine andere Verbindung zu den Tätigkeiten und zu den Menschen.

Bei der Ausstellung im Deutschen Alpenverein auf der Praterinsel in München (2001)

Bergbauern.
Fotografien von
Erika Hubatschek
1939-1960
15. Februar bis 17. Juni 2001
Verlängert bis 1. Juli 2001
DAV
Alpines Museum
des Deutschen Alpenvereins
Dienstags bis freitags 13 - 18 Uhr
amstags und sonntags 11 - 18 Uhr
eiertags geschlossen
Führungen nach Vereinbarung
auch vormittags möglich.

Im Stubai (1987)

Vielleicht habe ich auch tatsächlich eine gewisse Begabung zum Sehen mitgebracht, vielleicht auch als Erbteil von meiner Mutter, die sehr viel gezeichnet hat. Bei meinen Vorträgen und Ausstellungen bin ich oft gefragt worden, wie ich das gemacht hätte, dass die Leute auf meinen Bildern alle so vergnügt und zufrieden dreinschauen. Da kann ich nur sagen, das kann man wohl nicht machen, sondern die Menschen waren eben aus ihrem Inneren heraus einfach so.
Aber es freut mich natürlich sehr, wenn sich die Menschen für die Themen meiner Bilder und für die Bergbauern interessieren. Meine Ausstellung im Innsbrucker Volkskunstmuseum im Jahr 2002 haben über 29.000 Menschen besucht. In einem der drei Besucherbücher steht folgender Eintrag: „Zwei Besucherinnen jüngerer Generation bedanken sich für diese Reise in die Vergangenheit und für alles, was wir davon mitnehmen konnten." Solche Reaktionen, gerade von jüngeren Menschen, freuen mich natürlich sehr.

Im Jahr 1988, also im Alter von 71 Jahren, beschlossen Sie, die Veröffentlichung Ihrer Bilder und Texte selbst in die Hand zu nehmen. Sie gründeten Ihren eigenen Verlag. Wie kam es dazu?

Das ist eine lange Geschichte, da muss ich ein bisschen ausholen. 1961 ist ja mein Buch „Bauernwerk in den Bergen" erstmals erschienen. Es wurde dann in den nachfolgenden Jahren noch zwei Mal aufgelegt – und ich muss wirklich sagen, dass ich sehr schlechte Erfahrungen mit meinen damaligen Verlagen machte. Wirklich in jeder Hinsicht fast unglaublich und enttäuschend, die Einzelheiten will ich Ihnen gar nicht schildern.

1983 wurde ich dann eingeladen, einen Beitrag über den Lungau für die Festschrift des Salzburger Geografen und Volkskundlers Kurt Conrad zu verfassen, der 1978 das Salzburger Freilichtmuseum gegründet hatte. Zuerst habe ich gezögert, weil ich ja schon lange nicht mehr im Lungau war, dann aber dachte ich mir, es könnte sehr reizvoll sein, die Bergmahd im Lungau im Jahr 1939 mit der im Jahr 1983 zu vergleichen. Die Festschriftredaktion war mit diesem Vorschlag gleich einverstanden. So bin ich 1983, nach mehr als vierzig Jahren, eben noch einmal in den Lungau gegangen. Es war sehr schön und interessant, an die alten Begegnungen wiederanknüpfen zu können, dass ich mich entschloss, über die Erhebungen für die Festschrift hinaus auch die Almwirtschaft noch einmal zu untersuchen, sodass ich schließlich meine ganze Dissertation noch einmal gemacht habe.

Ein ehemaliger Studienkollege, der später Universitätsprofessor wurde, meinte, die eigene Doktorarbeit zweimal zu machen, das habe seines Wissens außer mir noch niemand gemacht! *(Lachen)* Nun war es so, dass ich bei der zweiten Begehung des Lungaus immer wieder darauf angesprochen wurde, wie schade es sei, dass meine Dissertation „Almen und Bergmähder im Oberen Lungau", die teilweise 1950 als kleines Büchlein erschienen war, nicht mehr erhältlich war. So entstand die Idee, ein zweites Buch zu machen, erweitert um meine Erhebungen von 1983. Und dieses Buch habe ich dann 1987 – nach all diesen schlechten und zutiefst enttäuschenden Verlagserfahrungen mit dem „Bauernwerk" – im Eigenverlag herausgebracht. Durch die Empfehlung einer ehemaligen Schülerin bin ich zur Firma Longo in Südtirol gekommen, das war dann der Beginn einer nun schon 20-jährigen erfreulichen Zusammenarbeit. Mit dieser Firma sind alle meine Bücher entstanden.

Eine Publikation im Eigenverlag ist aber noch lange kein eigener Verlag –

So ist es. Ich hatte ja damals keine Ahnung vom Verlags- und Buchhandelswesen, ich bin als Verlegerin eine absolute Quereinsteigerin. Ich war so zufrieden mit meinem Lungau-Buch und der Zusammenarbeit mit der Firma Longo, dass ich mir dachte: Unter diesen Umständen traue ich mir auch die Neuauflage meines Buches „Bauernwerk in den Bergen" selbst zu. Dazu kam, dass mich einige wirklich sehr nette Bauern und Bäuerinnen aus der Jungbauernschaft einfach durch ihr aufgeschlossenes Wesen, ihr Interesse an der Sache richtiggehend dazu ermutigt hatten, dieses Werk weiterzuführen.

Mit Bauersleuten aus dem Zederhaustal

Auf „Stoankaser“ mit Almleuten während der Arbeit am Film „Vom Leben am Steilhang“

Also fuhr ich nach Südtirol zu Longo und habe gesagt: „Jetzt möchte ich mit euch die vierte Auflage meines ‚Bauernwerks‘ neu und besser machen.“ Das haben wir dann gemeinsam geschafft. Ein sehr netter Innsbrucker Buchhändler hat mich in dieser Zeit beraten und mir empfohlen, selbst einen Verlag zu gründen.
So gibt es seit 1988 den Verlag Dr. Erika Hubatschek mit eigener ISBN und fast allem, was eben dazugehört. Nur ein eigenes Büro, geschweige denn einen eigenen Schreibtisch habe ich immer noch nicht! Bei mir ist Verlag und Wohnzimmer eins.
Das war schon eine große Entscheidung damals, die mir einige schlaflose Nächte gebracht hat, was ich sonst eigentlich nicht kenne. Es war ja eine sehr große Investition, 3000 Bücher in diesem aufwändigen Duplexverfahren drucken zu lassen, mit der Unsicherheit, ob man letztlich nicht doch auf den Büchern sitzen bleibt. Zudem hatte ich damals eigentlich keinen Groschen übrig. Aber ich dachte mir: „Das ist mein Lebenswerk, das mache ich jetzt.“

Inzwischen ist dieses Buch 47 Jahre alt und wird noch immer sehr gern gelesen. Und es sind noch ein paar weitere Bücher, Ausstellungskataloge und die jährlichen Kalender hinzugekommen. Wie sind Ihre Bücher entstanden?

Meine Bücher sind eigentlich nicht gemacht, sondern gewachsen. Wie beim Baum Jahr für Jahr Ringe dazukommen, einmal dicker, einmal dünner, so sind bei mir im Laufe der Jahre immer wieder neue Aufzeichnungen und Fotos dazugekommen. Und daraus sind dann Bücher, Kalender und Ausstellungen entstanden.
All meine Manuskripte sind auf meiner alten Schreibmaschine entstanden, die ich mir im Jahr 1946 gebraucht gekauft habe. Ich schreibe einzelne Absätze, dann korrigiere ich sie und feile sehr gern immer noch ein bisschen daran. Manchmal zerschneide ich sie auch und setze sie neu zusammen. So entstehen meine Bücher. Ich lasse mir Zeit dabei. Ein Bauer hat mir einmal gesagt: „A eiliger Mensch hat nie koa Glück.“ Das gilt für mich auch beim Büchermachen.

Arbeit am Manuskript in Gleins, Stubai

Mir ging es mit dem Verlag ja nie darum, viel Geld zu verdienen. Ich habe meine kleine Pension, die reicht mir zum Leben. Es war vielmehr von jeher meine Absicht, den Leuten eine Freude zu machen und zu zeigen, was sie den Bergbauern verdanken, was die alles geleistet haben und leisten. Mir ist immer vorgekommen, die Kulturleistung der Bergbauern wird viel zu wenig geschätzt. Dass die Wiesen so grün sind und unsere Landschaft so schön ist, das halten ja viele für selbstverständlich. Wenn sie dann sehen, wie viel schwere Arbeit dahintersteht, dann sehen sie das ganz anders. Wenn die Menschen meine Bücher gelesen und meine Bilder gesehen haben und danach draußen auf den Almen und in den Bergen *mehr* sehen, ist das eine schöne Belohnung für mich. Das größte Lob ist aber, wenn Bauersleute sagen: „Ja, genau so is es g'wesen." Ich möchte durch meine Bücher und Bilder die Menschen teilhaben lassen an dem Reichtum, den ich bei den Bergbauern gefunden habe. Es gibt mehr und Höheres auf dieser Welt als das, was man zählen, messen und wägen kann.

Noch im Frühjahr 2007 haben Sie gemeinsam mit Ihrer Tochter den großen Bildband „Auf den zweiten Blick. Menschen, Höfe und Landschaften im Wandel" herausgebracht.

„Auf den zweiten Blick" war wirklich ein unglaublich aufwändiges Unterfangen, an dem gerade meine Tochter mehrere Jahre gearbeitet hat. Sie hat ja sehr viele meiner Aufnahmen, die vor mehr als einem halben Jahrhundert entstanden sind, möglichst vom gleichen Aufnahmestandort in den letzten Jahren noch einmal fotografiert. So ist ein starkes Dokument des Wandels entstanden. Diese Idee, den Wandel der Zeiten aus den Bildern sprechen zu lassen, lag ja schon meinem Lungau-Buch und letztlich auch Teilen meines Buches über die Bergbauern im Stubai zugrunde. „Auf den zweiten Blick" hat diesen Ansatz noch einmal vertieft und konsequent zu Ende gedacht.
Für mich war es vor allem ein schönes Erlebnis, den Menschen von damals wieder zu begegnen. Ich bin eigentlich in Gedanken sehr oft bei diesen Leuten und fühle mich mit ihnen wirklich sehr verbunden. Mit

meinen Büchern kann ich ihnen einen Teil von dem zurückgeben, was ich von ihnen bekommen habe. Für mich war dies eigentlich auch immer ein Grundsatz der Volkskunde: Sie soll nicht nur Kunde über das Volk, sondern auch für das Volk sein.
Wenn an meinen Büchern manchmal kritisiert wurde, dass sie von der Sprache her zu wenig wissenschaftlich seien, habe ich das fast als Kompliment empfunden. Als ich einmal ihre Wissenschaftlichkeit nachweisen musste, schrieb mir der damalige Professor Fliri – er war für seine spitze Feder berühmt – ein Gutachten, das endete mit dem Satz: „Es sei noch bemerkt, dass sich die wissenschaftlichen Veröffentlichungen der Verfasserin durch eine besondere Pflege der deutschen Sprache auszeichnen, was allerdings bei fachlich Unkundigen zum Eindruck führen kann, sie seien in erster Linie publizistisch angelegt."

Geht es Ihnen mit dem Verlag nicht auch ein bisschen wie den Bergbauern selbst? Sie sind für alle anfallenden Arbeiten – im übertragenen Sinn vom Legen des Samenkorns bis zum Backen des Brotes – selbst zuständig.

Ja, es ist schon ein bisschen so. Früher hatte der Bauer vom Beginn bis zum Ende alles selbst zu tun, es war ein Ganzes. Wenn er das Samenkorn in den Boden legte, dann sah er, wie es wuchs, wie lange das brauchte, er hat es gepflegt, bis er es dann ernten und weiterverarbeiten konnte. Da musste er das Brot schätzen! Bei mir ist es ähnlich. Als Ein-Personen-Verlag bin ich Autor, Fotograf, Lektor und Grafiker in einem. Und wenn dann die Bücher fertig sind, muss ich sie großteils selbst vertreiben. Ich nehme die Bestellungen selbst entgegen, teilweise verpacke ich die Bücher, bring sie zur Post und schreibe die Rechnungen selbst. Das ist zwar anstrengend – gerade im fortgeschrittenen Alter –, aber auch sehr befriedigend, weil ich oft das Gefühl habe, dass ich damit den Menschen eine Freude bereiten kann. Es gibt immer wie-

Erika Hubatschek während der Arbeiten zum Film „Am Steilhang" im Lungau

der Leute, die sich begeistert bedanken, und es kommt auch zu netten Begegnungen. Und das gehört ja wohl zum Schönsten im Leben, wenn man den Menschen Freude machen kann.

Während wir dieses Gespräch hier in Ihrem gemütlichen Innsbrucker Haus führen – es ist für Sie ja Verlag und Zuhause in einem –, wacht Ihr Hund Rocco brav über jeden Schritt. Wie ist Erika Hubatschek denn auf den Hund gekommen?

Auf den Hund bin ich eigentlich schon sehr lang gekommen, weil meine Großmutter und meine Mutter immer einen Langhaardackel hatten, die wir alle sehr mochten. Als meine Tochter Irmtraud eines Tages – sie muss so sieben, acht Jahre alt gewesen sein – sich beim Schi fahren das Bein brach und einen Gips hatte, bekam sie zum Trost einen Hund, einen richtig kleinen weißen Wollwutzel, das war der Lumpi. Ich dachte zunächst, er kann für ein paar Wochen bleiben, damit sie zu Hause

Mit dem Hund Rocco zu Hause in Innsbruck

keine Langeweile hat, aber dann muss er wieder weg. Natürlich brachten wir ihn nicht mehr weg. Wir mochten ihn alle viel zu gern und haben viel Lustiges mit ihm erlebt, bis er eines Tages ganz jämmerlich zugrunde ging, weil er auf der Straßenböschung ein gifthaltiges Unkrautvertilgungsmittel erwischt hatte. Das war wirklich furchtbar! Im Gegensatz zu Irmtraud wollte ich danach eigentlich keinen Hund mehr. Eines Tages, da lebte sie schon auf Korsika, rief mich Irmtraud an. Ich bin furchtbar erschrocken, als sie sagte: „Du musst den Rocco retten, der wird sonst morgen in der Früh erschossen." – Der Rocco war ein dreijähriger Hirtenhund aus der Nachbarschaft. Dummerweise hatte er eines Tages drei Hendln gerupft. Das war sein Todesurteil, denn so einen Hirtenhund will in Korsika niemand mehr haben. Ich habe mich gewehrt: „Nein, das geht doch nicht. Ich bin so oft weg, ich kann doch keinen Hund gebrauchen." Aber der arme Rocco ging mir die ganze Nacht über nicht mehr aus dem Kopf. Ich glaube, das war nach der Verlagsgründung meine zweite schlaflose Nacht. In der Früh hab ich dann sofort angerufen, sie sollten ihn auf keinen Fall erschießen, ich würde schon irgendwo einen Platz für ihn finden. Und dieser Platz war halt dann doch bei mir.

Wie lang ist er jetzt schon bei Ihnen, der Rocco?

Elf Jahre oder vielleicht noch länger. Er ist schon ein alter Herr. Wir passen von daher recht gut zusammen. Aber ich bin wirklich sehr froh, ihn zu haben. Ich wäre um vieles ärmer, wenn er nicht da wäre. Ich rede mit ihm, er versteht alles und folgt mir meistens. Und er ist immer dort, wo ich gerade selber bin. Das ist schon ein gutes Gefühl. Er ist wirklich ein Goldstück!

RÜCKBLICK IN DANKBARKEIT

*„Wenn ich noch einmal auf die Welt käme,
ich könnte mir nichts Besseres wünschen
als noch einmal dieses mein Leben!"*

Wenn man wie Sie im 90. Lebensjahr steht, sei die Frage erlaubt: Wie geht es Ihnen mit der Last des Älterwerdens?

Wenn die Leute mich fragen, wie es mir geht, dann sag ich immer: „krumm und schief, aber zufrieden". Das bin ich wirklich, weil ich mir denke, es ist wirklich eine Gnade, wenn man jeden Tag noch selber aufstehen, seine Aufgaben erledigen und noch dazu anderen Leuten Freude machen kann. Wenn man bedenkt, dass ich vor zwei Jahren zum ersten Mal in meinem Leben ins Spital kam, wegen eines Virus im Gehirn, muss ich sagen: Da hab ich doch wirklich Glück!
Vielleicht geht's mir ja auch ein bisschen so wie den Tieren, die in ihrer Jugend gealpt wurden: Die sind dann ihr Leben lang gesünder und widerstandsfähiger als andere.
Damals habe ich von einer Sekunde auf die andere nichts mehr gesehen und es wurde mir todübel. Zum Glück hatte ich meine „Hunde-

Herbstliche Schafweide in der Milchmahd, Stubai, Tirol (1943)

marke" – einen Hausnotruf des Roten Kreuzes – umgehängt und sofort gedrückt. So wurde mir schnell geholfen. Nach sechs Tagen konnte ich das Spital wieder verlassen. Gottlob geht es mir wieder gut – ich bin wirklich zeit meines Lebens sehr gesund!

Sie können sicher von Ihrer guten Kondition, aber auch von den vielen schönen Erlebnissen und Begegnungen heute noch zehren.

Ja, ich bin wirklich sehr dankbar für alles, was ich erleben durfte und wovon ich heute noch zehren kann. Ich gehe immer noch gern zu Fuß, aber leider viel zu selten. Manchmal fahre ich mit dem Taxi an den Stadtrand, nehme meine beiden Stöcke und steige über die Wiesen hinauf. Dann kann ich mir einbilden, ich sei beim Schi fahren und spure. Und da ziehe ich halt meine Spur, nicht zu steil und nicht zu flach, wie es sich eben gehört, durch die Wiesen hinauf. Das sind heute meine Gipfel, klein zwar, aber ich erlebe und genieße sie noch immer. Ganz intensiv kommen mir dabei Bergerlebnisse aus früheren Tagen in Erinnerung.

Ja, Sie wirken dabei meist ganz heiter und beschwingt.

Vielleicht liegt es daran, dass ich fortwährend in Gedanken singe, es kommen mir immer wieder Melodien in den Sinn, die wir früher gesungen und gejodelt haben.

Ist das alltägliche Leben im hohen Alter nicht manchmal auch sehr mühsam geworden?

Sicher, wenn ich nicht so schief und krumm wäre, würde ich mir in vielem leichter tun. Aber es nützt nichts, es ist halt so, und ich hab Gott sei Dank keinerlei Schmerzen.
Ich denke da oft an diese alte Bäuerin von einem Bergbauernhof bei Matrei in Osttirol, von der ich schon erzählt habe. Ich habe sie fotografiert, wie sie gerade Spandln zum Anfeuern gemacht hat. Ich hab sie halt da-

mals bewundert, dass sie in ihrem Alter – sie war hoch in den Achtzigern – noch so fleißig ist. Da hat sie nur gesagt: „Ja mei, nix tuan und af'n Tod herpassn, wär a koan Arbat nit."
In diesem Zusammenhang kommt mir nun auch wieder ein Spruch in den Sinn, der in meinem Elternhaus im Stiegenhaus hing: „Im Glück nicht stolz sein und im Leid nicht zagen, das Unvermeidliche mit Würde tragen und fest an Gott und eine bess're Zukunft glauben, heißt leben und dem Tod sein Bitt'res rauben."

Auch der Ausspruch, der meines Wissens vom evangelischen Theologen Friedrich Christoph Oetinger (1702–1782) stammt, passt hierher:

> „Gott gebe mir die Gelassenheit, Dinge hinzunehmen,
> die ich nicht ändern kann,
> den Mut, Dinge zu ändern, die ich ändern kann,
> und die Weisheit, das eine vom andern zu unterscheiden."

Sie strahlen auch mit fast 90 Jahren eine fast unglaubliche Vitalität und ansteckende Lebensfreude aus. Da fragt man sich: Was ist die Quelle, aus der das sprudelt?

Wenn ich so zurückblicke, erkenne ich drei Säulen in meinem Leben, auf die ich aufbauen konnte und die mir Halt geben. Das sind mein Elternhaus, und dazu rechne ich auch meine Tochter, die Berge und die Bergbauern. Alle drei haben mich geprägt und ich durfte durch sie viel Schönes und Reiches erleben, wofür ich wirklich sehr, sehr dankbar bin! Ich danke dem Herrgott, meinen Eltern und Geschwistern, meiner Tochter und den vielen Menschen, denen ich im Leben begegnen durfte. Wenn ich noch einmal auf die Welt käme, ich könnte mir nichts Besseres wünschen als noch einmal dieses mein Leben.

KODAK

DAS FOTOGRAFISCHE WERK VON ERIKA HUBATSCHEK

EINE WÜRDIGUNG VON PROF. DR. WERNER BÄTZING

Die Fotos von Erika Hubatschek, die bei Erscheinen dieses Buches 90 Jahre alt wird, zeigen eine Welt, die den meisten heutigen Menschen genauso fern sein dürfte wie das Mittelalter, obwohl die Fotos „nur“ aus den Jahren seit 1938 stammen. Dafür gibt es zwei Gründe:
Erstens werden die Alpen ab 1760–1765 im Kontext der industriellen Revolution von Städtern als „schöne Landschaft“ entdeckt, und diese Menschen suchen als Kontrast zur städtischen Alltagswelt die „reine“, unzerstörte Natur und meinen dann, diese in den Alpen zu finden. Dass die Alpen gar keine vom Menschen unveränderte Natur sind, sondern dass sie als Kulturlandschaft seit langem tief greifend vom Menschen umgestaltet wurden, wird dabei nicht wahrgenommen. Und dieses Zerrbild prägt die Sichtweise der Alpen bis heute ausgesprochen stark.
Zweitens setzt um 1960–1965 ein tief greifender Strukturwandel in der europäischen Landwirtschaft ein, der sie in kurzer Zeit vollständig verändert. Die Agrarrevolution des 19. Jahrhunderts modernisierte zwar die Landwirtschaft partiell, aber ihre zentralen Charakteristika blieben auch jetzt – zumindest bei der großen Masse der bäuerlichen Betriebe – immer noch ihre Abhängigkeit von der Natur, der hohe Anteil der Handarbeit, eine geringe betriebliche Spezialisierung und die große Be-

Erika Hubatschek mit ihrer Retina

deutung des Erfahrungswissens. Diese vorindustriellen Charakteristika stehen gut hundert Jahre lang quer zur Industriegesellschaft, und dies ändert sich erst ab 1960–1965, als aus Bauernhöfen Agrobetriebe mit großem Maschineneinsatz und hoher Spezialisierung werden, die in allen Bereichen immer enger mit der globalen Wirtschaft verflochten werden. Für die Generation der nach 1960 geborenen Menschen gehört die traditionelle Landwirtschaft deshalb zu einer völlig fremden Welt, zu der sie keinerlei Erfahrungszugang mehr besitzen.

Das touristische Bild der Alpen als Naturlandschaft und der abgebrochene Bezug zur traditionellen Landwirtschaft sind die Ursachen dafür, dass die Welt, die Erika Hubatschek ab 1938 in den Alpen fotografiert, den meisten Menschen heute als fremde oder gar exotische Welt erscheint. Und die Vergleichsfotos vom gleichen Standort aus, die Erika Hubatschek zusammen mit ihrer Tochter Irmtraud im Jahr 2007 publiziert, machen diese große Distanz zu heute ebenfalls sehr anschaulich deutlich.

Trotzdem stellt sich die Frage, warum die Fotos von Erika Hubatschek so außergewöhnlich sind, wo doch in den Alpen seit der Erfindung der Fotografie so viel und so intensiv fotografiert wurde? Die Antwort hängt eng mit den eben genannten Gründen zusammen:

Die städtischen Bergsteiger und die professionellen Fotografen, die dieser Sichtweise (aus ökonomischen Gründen: Käufer ihrer Produkte) verpflichtet sind, fotografieren die Alpen als Naturlandschaft und konzentrieren sich deshalb auf Gipfel, Gletscher, Felswände, Schluchten und Ähnliches. Die bäuerlich genutzte Kulturlandschaft erscheint ihnen nicht abbildungswürdig (das ist ja nichts Besonderes, das gibt es ja „zu Hause" auch), und diese tritt bestenfalls als Vordergrundstaffage auf, damit der Hintergrund umso eindrücklicher wirkt.

Die Tourismusorganisationen, die Ansichten „ihrer" Orte zu Werbezwecken fotografieren lassen, betonen die landschaftliche Idylle, in der ihr Ort liegt (am besten der Kirchturm direkt vor dem Gletscher oder der Felswand). Dabei werden zwar zwangsläufig Teile der traditionellen Kulturlandschaft mit abgebildet, aber dies geschieht nur nebenbei und besitzt keinen wirklichen Stellenwert. Zahlreiche Besucher, die

nicht in den Höhenbereich der „Bergsteiger" vordringen, orientieren sich mit ihren persönlichen Fotos millionenfach an dieser Sichtweise, ohne die spezifischen Kulturlandschaftselemente, die sie dabei mit fotografieren, wahrzunehmen.
Die einheimischen Fotografen aus den Alpentälern selbst, die in der Regel fotografieren, um ihren Lebensunterhalt (teilweise) zu bestreiten, fertigen Auftragsbilder an, die Personen, Familien, besondere Ereignisse wie Hochzeit oder Kommunion, Handwerksaktivitäten oder Gebäude zeigen. Landschaftsbilder – seien es Auftragsbilder oder aus persönlicher Motivation entstanden – kommen dabei nur randlich vor, wie die zahlreichen von Willi Pechtl (Tarrenz/Tirol) herausgegebenen Fotobände und wie sein großes Fotoarchiv zeigt: Die Kulturlandschaft ist für die einheimische Bevölkerung offenbar so selbstverständlich und „normal", dass sie für das neue, besondere und vor allem teure Medium Fotografie nicht als abbildungswürdig gilt.
Aus diesen Gründen sind fotografische Zeugnisse der traditionellen bäuerlichen Kulturlandschaften der Alpen, die ab 1965 durch Modernisierungen und Nutzungseinstellungen allmählich verschwinden, sehr selten. Die Fotografien von Erika Hubatschek zeichnen sich dabei durch zwei spezifische Zugänge aus: Erstens verfügt sie über eine einschlägige Fachausbildung im Bereich Geografie und Volkskunde, was es ihr ermöglicht, Landschaften und Arbeitsweisen sehr aufmerksam zu beobachten und dabei Dinge und Sachverhalte zu erkennen und zu „sehen", die viele Andere übersehen; und dieser Hintergrund erklärt auch den systematischen, teilweise sogar enzyklopädischen Charakter ihrer Aufnahmen. Zweitens gelingt es ihr, persönliche Beziehungen zu den abgebildeten Menschen herzustellen, was auf vielen Fotos gut sichtbar ist: Damit kann sie die Falschheit und Sterilität künstlich gestellter oder arrangierter Fotografien vermeiden, und ihre Bilder wirken ausgesprochen lebendig und authentisch. Diese soziale bzw. kulturelle Nähe ist jedoch nicht einfach spontan vorhanden, sondern sehr voraussetzungsträchtig: Erika Hubatschek arbeitet oft auf Bauernhöfen mit, bevor sie die bäuerlichen Tätigkeiten sozusagen mit wissenschaftlich geschultem Blick von innen heraus fotografiert, und es liegt auf der Hand,

dass dann ganz andere Bilder entstehen, als wenn ein Fremder die gleichen Arbeiten oder die gleichen Landschaften fotografieren würde. Diese beiden Voraussetzungen – Fachausbildung und soziale Nähe – sind entscheidend dafür, dass die Bilder von Erika Hubatschek nicht nur Einblick in eine selten fotografierte Welt geben, sondern dass ihre Bilder auch eine so große inhaltliche, menschliche und formale Qualität besitzen, dass man sie als eine der bedeutendsten Fotodokumentationen der bäuerlich geprägten Alpen im 20. Jahrhundert bezeichnen muss.

Wie aber sind diese Fotos heute zu interpretieren?
Eine nostalgische Interpretation, die die „gute alte Zeit" heraufbeschwört, in der „alles besser war als heute", wird diesen Fotos nicht gerecht: Die damalige Zeit war keineswegs in allen Aspekten „gut", sondern hatte ihre eigenen Probleme und Schwierigkeiten. Und auch eine *direkte* Rückkehr zur bäuerlichen Realität der 1940er und 1950er Jahre mit ihrem extrem hohen Stellenwert der Handarbeit ist heute nicht mehr möglich, nicht einmal mehr bei einer vollständigen Umstellung der Berglandwirtschaft auf Ökolandbau.
Aber auch eine postmoderne Interpretation, bei der diese Fotos als rein sachliche Dokumente einer vergangenen Lebenswelt gesehen werden, wird diesen Fotos nicht gerecht. Denn dann stellen diese Fotos eine ferne und fremde Welt dar, die keinen Bezug mehr zu *unserer* Lebenswelt besitzen und die grundsätzlich mit prähistorischen Höhlenmalereien oder anderen exotischen Bildern vergleichbar wären. Und dann stünden diese Fotos gleichgültig und beziehungslos *neben* unserer Lebenswelt und hätten uns heute nichts mehr zu sagen.
Fragt man Erika Hubatschek, so ist ihr gesamtes publizistisches und öffentliches Wirken ein einziges großes Engagement für diese Lebenswelt, die sie so intensiv miterlebt hat. Das Vorwort zur 1. Auflage von „Bauernwerk in den Bergen" aus dem Jahr 1961 formuliert diese Haltung sehr eindeutig: „Sorgen wir dafür, dass nicht Unvernunft und Raubbau, Geldgier und Habsucht dies alles (gemeint ist: „... eine Landschaft ..., die von einer beglückenden Schönheit ist") bedrohen und

schließlich zerstören." Und genauso eindeutig sind meines Erachtens ihre Fotografien: Jedes einzelne Bild strahlt eine Würde aus, eine Würde der Personen, der Gegenstände, der Gebäude, der Landschaften und der Lebenswelten, die darin gründet, dass dieses Leben seinen Wert selbstbewusst, aber nicht überheblich in sich trägt. Aus heutiger Sicht muss das Verschwinden dieser Lebenswelt angesichts der zahllosen Homogenisierungen, Nivellierungen und Vergleichgültigungen unserer globalisierten Welt als kultureller Verlust bewertet werden.
Gemeinsam mit Erika Hubatschek bin ich der Auffassung, dass ihre Fotografien unserer Gegenwart einen sehr kritischen Spiegel vorhalten und dass diese kritische Dimension keineswegs durch die Bedeutung ihrer Bilder als Dokumentation – die sie *auch* sind – relativiert oder entschärft werden darf.
Ohne die traditionelle Lebenswelt der Bergbauern zu kennen, lässt sich die heutige Situation der Alpen in wirtschaftlicher, ökologischer und sozio-kultureller Hinsicht nicht angemessen verstehen, und ohne diese Grundlage lässt sich erst recht nicht auf eine sinnvolle Weise über die Zukunft der Alpen diskutieren. Und gegenüber jeder technokratischen oder postmodern-beliebigen Zukunftsperspektive für die Alpen erinnern uns die Bilder von Erika Hubatschek eindrücklich daran, dass menschliches Leben nicht im bloßen Funktionieren aufgeht, sondern dass es eine eigene Würde besitzt, die heute im Kontext ökonomistischer Sachzwänge (Globalisierung) und konformistischer Erwartungen (Erlebnisgesellschaft) verloren zu gehen droht. Auch wenn es heute nicht mehr möglich ist, zu dieser traditionellen Welt zurückzukehren, so können diese Erfahrungen uns helfen, die Zukunftsentwicklung der Alpen so zu gestalten, dass eine neue und andere, aber genauso würdevolle Lebenswelt entsteht.

BIOGRAFISCHE DATEN

1917	in Klagenfurt geboren
1936–1940	Studium (Geografie, Volkskunde und Leibesübungen)
1940	Doktorat und Lehramtsprüfungen aus Geografie und Leibesübungen
1937–1959	Feldforschung mit z. T. längeren Aufenthalten bei Bergbauern
1940–1978	Gymnasialprofessorin in Innsbruck
seit 1988	Verlag Dr. Erika Hubatschek

Vorträge und Lehrauftrag zum Thema „Bergbauern“:

1949	Diavortrag beim Internationalen CEA-Kongress in Innsbruck
1950	Vortragsreise in die Schweiz
1951–1954	vier Vortragsreisen mit jeweils acht bis zwölf Vorträgen in Nord- und Westdeutschland
1987–2001	Vorträge am WIFI Innsbruck
1991	Vortrag an der Landwirtschafts-Universität in Stuttgart-Hohenheim
1992	Lehrauftrag der Universität Innsbruck
1994	Referat bei einer internationalen Almwirtschaftstagung in Slowenien
1995	Vortragsreihe in North Carolina, USA
1996	Vorträge in Vermont und North Carolina, USA
1998	Vortragsreise nach Kroatien (Zagreb u. a.)

Dazu kommen seit 1990 jedes Jahr zahlreiche Vorträge im österreichisch-süddeutschen Raum.

Auszeichnungen:

1963	Leitgeb-Preis (Klagenfurt)
1998	Würdigungspreis der Tiroler Landesregierung für Volkskultur

WERKVERZEICHNIS

1940 Auf den Mähdern der Bergbauern, Innsbruck, Alpenvereins-Jahrbuch

1948 Über die Alltagskost beim Tiroler Bergbauern, Innsbruck, Wopfner-Festschrift (Schlern-Schriften Nr. 53)

1949 Ein Tiroler Bergbauernjahr, Innsbruck, Alpenvereins-Jahrbuch

1949 Zur bäuerlichen Arbeits- und Gerätekunde des inneren Stubaitales, Graz, Geramb-Festschrift (Volk und Heimat, Verlag Anton Pustet)

1949 Um Arbeit und Brauch beim Tiroler Bergbauern, Innsbruck, Klebelsberg-Festschrift (Veröffentlichungen des Museums Ferdinandeum Band 26–29)

1950 Le Tyrol agricole, Bern, L'industrie laitière suisse

1950 Almen und Bergmähder im Lungau, Salzburg, Salzburger Landwirtschaftskammer

1950 Zur Umgestaltung der Landschaft durch Almwirtschaft und Bergmahd, Innsbruck, Kinzl-Festschrift (Schlern-Schriften Nr. 60)

1952 Arbeit und Gerät, Wien, Österreichische Volkskunde für jedermann, Pro-Domo Verlag

1956 Bergmahd in Südtirol, Innsbruck, Huter-Festschrift (Tiroler Heimat)

1961 Bauernwerk in den Bergen (1. Auflage), Innsbruck, Universitätsverlag Wagner

1970 Bauernhöfe im südöstlichen Kärnten, Klagenfurt, Geschichtsverein für Kärnten

1979 Bergbauern als Landschaftsgestalter, Innsbruck, Alpenvereins-Jahrbuch

1983 Bauernwerk in den Bergen (2. Auflage), Innsbruck, Wort und Welt Verlag

1984 Bergmahd im Oberen Lungau einst und jetzt, 1939 und 1984, Salzburg, Conrad-Festschrift (Verlag Otto Müller)

1985 Almen und Bergmähder im Oberen Lungau 1939–1984 (1. Auflage), Innsbruck, Verlag Dr. Hubatschek

1987 Echtes Leinen selbst gemacht, Volkskunst heute

1987 Almen und Bergmähder im Oberen Lungau 1939–1985 (2. Auflage), Innsbruck, Verlag Dr. Hubatschek

1988 Almwirtschaft einst und heute, Phantasievolle Kulturtechniken, Innsbruck, Tiroler Bauernzeitung

1989 Altes Bauerntuch – eine Kostbarkeit, Über den Flachs, Innsbruck, Tiroler Bauernzeitung

1989 Lichtmess: Nun beginnt ein neues Bauernjahr, Innsbruck, Tiroler Bauernzeitung

1990 Bauernwerk in den Bergen (4. Auflage), Innsbruck, Verlag Dr. Hubatschek

1992 Über das Land, Innsbruck, Fotoforum West

1994 Über das Land (2. Auflage), Innsbruck, Verlag Dr. Hubatschek

1995 Vom Leben am Steilhang/Life on the steep slope, Innsbruck, Verlag Dr. Hubatschek

1995 Die Bauernarbeit im Ötztal einst und jetzt (erweiterter Faksimilenachdruck von F. J. Gstrein), Innsbruck, Verlag Dr. Hubatschek

1996 Die Bauernarbeit im Ötztal einst und jetzt (erweiterter Faksimilenachdruck von F. J. Gstrein, 2. Auflage, Innsbruck, Verlag Dr. Hubatschek

2001 Bauernwerk in den Bergen (8., erweiterte Auflage), Innsbruck, Verlag Dr. Hubatschek

2003 Bergbauern im Stubai, Von Neustift und seinen Bewohnern vor 60 Jahren und heute, Innsbruck, Verlag Dr. Hubatschek

2004 Almen und Bergmähder im Oberen Lungau 1939–1986 (3. Auflage), Innsbruck, Verlag Dr. Hubatschek

2007 Auf den zweiten Blick, Menschen, Höfe und Landschaften im Wandel, Innsbruck, Verlag Dr. Hubatschek

VERLAGSVERZEICHNIS DR. ERIKA HUBATSCHEK

Erika Hubatschek
Bauernwerk in den Bergen
Von Arbeit und Leben der Bergbauern vor einem halben Jahrhundert

Erika Hubatschek
Vom Leben am Steilhang

Erika Hubatschek
Almen und Bergmähder im Oberen Lungau 1939–1984

Über das Land
Photographien von Erika Hubatschek

Franz-Josef Gstrein
Die Bauernarbeit im Ötztal einst und jetzt

Irmtraud Hubatschek
Die Insel der Hirten
Von Jacquot und seinen Ziegen auf Korsika

Erika Hubatschek
Bergbauern im Stubai
Von Neustift und seinen Bewohnern vor 60 Jahren und heute

Erika und Irmtraud Hubatschek
Auf den Zweiten Blick
Menschen, Höfe und Landschaften im Wandel

Außerdem erscheint seit 1998 alljährlich ein großformatiger
Bildkalender „Bergbauernwelt“

FOTOAUSSTELLUNGEN

1992	Vom Leben am Steilhang, Brunnenburg, Dorf Tirol
1993	Kulturwege, Salzburg
1994	Vom Leben am Steilhang, Tauriska, Neukirchen am Großvenediger
1995	Über das Land, Fotoforum West, Innsbruck
1995	Über das Land, Fotoforum Bozen
1995	This field on my back, Mountain Gateway Museum, Old Fort, North Carolina
1996	Vom Leben am Steilhang, Innsbruck
1996	Über das Land, Innichen
1996	Into their labours, Museum of History, Raleigh, North Carolina
1997	Vom Leben am Steilhang, Bruneck
1998	Domovino, ti si ..., Etnografski Muzej Zagreb
1998	Domovino, ti si ..., Gradski Muzej (Kroatien)
1998	Vom Leben am Steilhang, Innichen
1998	Bergbauern, Hirten- und Sennerforum Trins, Tirol
1998	Leben am Steilhang, Matrei im Wipptal
1999	Austrian Pastorals, Leica Gallery, New York
2000	Bergbauern, Schönberg, Stubai
2001	Bergbauern, Alpines Museum München
2001	Ricordi di una natura, Istituto Austriaco, Mailand
2001	Bergbauern, Stadtmuseum Rosenheim
2001	Une vie sur la pente raide, Ajaccio, Korsika
2001	Erinnerungen an die Bergbauernvergangenheit, Heimatmuseum Neustift, Stubai
2001	Bauernleben, Muhr im Lungau
2001	Bergbauern, Trient
2002	Bergbauern, Volkskunstmuseum Innsbruck
2002	Vom Leben am Steilhang, Jochberg
2003	Vom Leben am Steilhang, Prien am Chiemsee

2004 Vom Leben am Steilhang, Längenfeld im Ötztal
2004 Bergbauern, Reith bei Kitzbühel
2005 Vom Leben am Steilhang, Söll am Wilden Kaiser
2006 Bilder aus dem alten Bauernleben, Bergbauernmuseum Wildschönau
2006 Über das Land – Bauernwerk in den Bergen, Tamsweg
2007 Vom Leben am Steilhang, Alpenverein Sektion Berlin

BUCHTIPP

Friedrich Walter Merlin / Stefan Hellebart / Michael Machatschek (Hgg.)

Bergwelt im Wandel.

Festschrift Erika Hubatschek zum 90. Geburtstag

360 Seiten
185 Abbildungen und Grafiken
ISBN 978-3-900531-65-2
Verkaufspreis € 27,00.